市场营销管理与企业经济优化

王雨帆　著

吉林出版集团股份有限公司
全国百佳图书出版单位

图书在版编目（CIP）数据

市场营销管理与企业经济优化 / 王雨帆著. -- 长春:
吉林出版集团股份有限公司, 2023.12
ISBN 978-7-5731-4474-4

Ⅰ.①市… Ⅱ.①王… Ⅲ.①市场营销学 Ⅳ.
①F713.50

中国国家版本馆CIP数据核字（2023）第234131号

SHICHANG YINGXIAO GUANLI YU QIYE JINGJI YOUHUA
市场营销管理与企业经济优化

著　者	王雨帆	
责任编辑	王丽媛	
助理编辑	张碧芮	

出　　版	吉林出版集团股份有限公司
发　　行	吉林出版集团社科图书有限公司
地　　址	吉林省长春市南关区福祉大路5788号　邮编：130118
印　　刷	唐山富达印务有限公司
电　　话	0431-81629711（总编办）
抖 音 号	吉林出版集团社科图书有限公司　37009026326

开　　本	710 mm×1000 mm　1 / 16
印　　张	6.5
字　　数	85 千字
版　　次	2023 年 12 月第 1 版
印　　次	2023 年 12 月第 1 次印刷

书　　号	ISBN 978-7-5731-4474-4
定　　价	38.00 元

如有印装质量问题，请与市场营销中心联系调换。0431-81629729

前　言

　　市场是企业的先导，是企业的利润源泉。随着人工智能时代、碎片化时代的到来，企业的市场发生了变化，"新世代"群体（以"90后""00后"为主要群体，包括"80后"）成为各大企业所关注的营销对象。然而，与以往相比，"新世代"群体的消费观念却发生极大的变化。这种变化给企业带来商机的同时，也带来了挑战。这要求企业在进行市场营销时要从更远、更高的层面出发，以"新世代"群体的体验为核心，以人工智能、大数据、物联网等先进的技术为营销基础，随时关注企业宏观环境的动态变化，从营销战略到营销策略自上而下的计划、组织、协调、控制、决策，即面对"新世代"群体，从营销理念到营销技术都发生变化，这迫切需要企业的市场营销管理进行创新。

　　同时本文对企业经济的优化方式方法进行了分析，企业经济管理对于新形势下的企业而言尤为重要。企业要形成真正的核心竞争优势，在激烈的国内和国际市场立于不败之地，就必须跟上世界经济发展的步伐，进行企业经济的创新管理，实现企业的特色发展，从而提高市场占有率。

目　录

第一章　市场营销发展史与相关理论

第一节　市场营销发展史

一、市场营销历史发展因素

在20世纪之前，受经济成长阶段和历史发展阶段的制约，企业的市场营销活动研究并未得以发展成一个科学领域。主要的原因是商业行为在社会中的地位并不被看好。例如，柏拉图在他的著作《法律》中就曾写道"销售使得商人变得堕落。"由此，在那个时期，雅典的公民们被禁止参与市场活动，只有外来人被允许从事市场活动。

在1776年，斯密的科研巨著《探讨国民财富的性质与根源》正式出版，并载入历史，它标志着古典经济学理论的兴起，也被视为西方经济学进程中一次闪耀的创新。在《国富论》的引言部分，斯密首次阐述了"需求从未是难题"这一广为人知的理念。

因为过去社会的生产力十分低下，经济学的主要研究内容便基本上集中在怎么进行资源的高效配置、怎么提高生产效率以及怎么制造出更多产品等相关问题。而消费者的需求，制造者并没有太多关注。后续的古典经济学家例如马尔萨斯和大卫·李嘉图，还有之后主流经济学派都继续采纳了斯密的这种想法，直到后来凯恩斯提出了有效需求理论。所以，从理论层面上来讲，直到20世纪30年代以前，市场营销的理论依据并没有被明确地提出。

在19世纪末20世纪初，英国的工业革命已促使许多主要的资本主义国家也相继推行了产业革命。特别是随着近代科技的崭新曙光的出现，接二连三的技术革命以势如破竹的态势进行，正如马克思所指，使得"资产阶级创造的生产力在短短百年间已超越了所有先前任何时期的总和，无论是数量还是规模"。这些改变推动了生产的增加，导致产品供应的大幅度扩充，从而造成了企业商品销售的问题，并推动资本主义国家的商业领导者不断寻找产品销售的新路径。因此，许多学者开始对这个像"恶魔"一般的市场环境进行深入探讨。

二、市场营销学的诞生

在资本主义商品经济高速发展，社会基本矛盾日趋尖锐的情景下，市场营销学因应而生，主因在于生产快速扩展与有效需求的相对下降造成。在20世纪初，因高额的资本积累和集结，生产规模不断扩大，社会产品迅速兴起，推动了产品销售市场不断增长。然而，人民的购买力有所限制，产品的销售市场反而呈相对收缩。由此带来了供需不均，引发了"生产过剩"问题，使得资本主义企业经常面临经营难题。在面对市场的商品漫山遍野，有效需求却在相对减少的矛盾中，生产企业不得不增加关注自己产品销售的情况，许多企业开始行动，意识到市场对企业产量的引导作用，以及决定企业生死的关键性，因此，他们开始试图寻找并实行一些有效的经营策略，以在市场竞争中获得上风，追求企业的生存与发展。与此同时，一些经济学家也开始收集相关的市场营销活动经验，应用多种理论和技术方法，理解并分析市场的实际状况，预测市场未来的走向，寻求市场的变化规律，以帮助企业作出各种经营决策和制订经营计划。

　　"市场营销"这一学科，起源于美国。在19世纪，美国的一些学术先驱已经写作出版了一些探讨销售、广告、定价、产品设计、品牌管理、包装业务和物品配送等方面的专业著作。在20世纪初，一些美国的顶尖学府开始开设和市场营销相关的课程。赫杰特齐教授在1912年，从哈佛大学通过对大企业家的考察，研究他们的市场营销行为，并结集成为以Marketing为标题的教材，此书被公认为市场营销学形成独立学科的一个重要里程碑。然而，这本书的内容更偏重"分配学"和"广告学"，聚焦于销售技术的研究，并没有形成一个完整的系统和明确的市场营销理论原则，其理论基础仍主要是传统经济理论。在那个时候，相关的研究活动基本上都在大学中开展，没有影响到商业竞争的实际行为，因此，并没有在社会上引起足够的关注。后来，市场预测开始逐步成为研究的重点。例如，巴布生等学者在最初利用市场价格指数制作市场预测图，并成立了交易服务社，为商业圈提供商业信息，慢慢引起了企业的重视。

三、市场营销学的发展历程

（一）第一阶段

　　从20世纪20年代开始，众多市场营销的教材陆续出版，这为市场营销的理论框架的初步构建奠定了基础。然而，在1929年至1931年，资本主义世界经历了前所未有的大规模经济危机。造成的产能过剩问题使得产品难以销售，众多公司无法维持，市场需求显著下降，企业难以将产品售出。这场危机暴露了原先的经济学理论在面对市场需求的理论观点上无法满足经济增长的实际需求。然而，在1936年，凯恩斯推出了他的作品《就业、利息和货币通论》，他的凯恩斯主义理论确立了经济学领域内半个多世纪的主导地位，凯恩斯的有效需求理论也得到了广泛的认可。市场营销学者也开始对市场需求进行了研究，一群学者进行了市场调研、预测、消费需求分析以及需求激励的研究，并且市场营销的理论也因此受到了社会与企业的大量关注。在一系列的研究机构的设置的推动下，特别是在1937年，美国市场营销协会的设立使得市场营销研究得到了更多的重视。在理论上，凯恩斯的有效需求理论为市场营销学的初步发展起到了推动的作用。

总体来讲，在这个阶段，虽然市场营销学的研究依然主要围绕着流通领域，核心的研究领域是产品的销售技巧、广告方法，以及如何设立能够助力产品销售的组织结构、功能以及策略等议题。

（二）第二阶段

第二次世界大战结束后，美国的军事生产线逐渐转向民用生产，大力推动了民用工业的大规模生产。而科技的不断创新助长了生产效率的进步，使得商品种类众多，且更新频率加快。在遏制了20世纪30年代的经济危机之后，凯恩斯主义经济学得到了广泛运用。西方各国纷纷采取"三高"经济策略，即高工资、高福利以及高消费，从而增强了民众的购买力，推进着消费需求和消费欲望的多元化和个体化的变化。消费市场对商品质量的追求也由对量的要求向对质的要求转变，商品供应超过了需求，市场从卖方市场向买方市场变换，竞争力得到极大的增强。因此，公司不得不从注重产品变为注重市场，由以生产为中心转换为以消费者为中心的经营方式。可以看出，二战后生产力与市场需求的矛盾加剧，所以营销理论又获得了一次发展。

美国的营销理论家奥尔德逊和柯勒斯在其著作中表示，市场是生产者和消费者完成产品和劳动交换的场所，所有关于保障交易可能性的行动都被列为营销行动。市场是生产的开端，营销的首要工作就是分析和预测消费者的需求和欲望，并针对其需求提供相应的产品或服务，这样才能完成生产者和消费者间的交易，并在此基础上赢取公司的经济收益。市场营销观念通过引进这个创新理念，实现了一次飞跃。尤金·麦卡锡，一位市场营销领域的专家，率先在他的出版物《基础市场营销》中，在1960年提出了一个被称为"4Ps"的全新的营销混合理念，这包括产品、价格、渠道、促销，这也已经成为现代市场营销的重心。紧接着，著名的市场营销专家以及美国西北大学教授菲利普·科特勒在他1967年的著作《市场营销管理——分析、规划、执行和控制》中，对现代市场营销的基本规则以及管理体系进行了全面而系统的阐述。科特勒提出，营销管理的核心在于对需求的管理，管理者的任务不仅仅是激发消费者对公司产品的需求，还需要影响需求的数量、时机以及组成，以实现公司的目标。他进一步提出，市场营销理论并非只适用于营利组织，非营利组织同样适用，这一观点深化和拓展了市场营销理论的研究领域和应用范围。

（三）第三阶段

自20世纪60年代中至晚期开始，市场营销学的与现代企业管理理论的结合已经变为对现代企业经营管理决策起主导作用的重要组成部分，并在工商业领导决策过程中广泛应用，逐步获得工商业管理者的重视。随着社会学、心理学、消费者行为学、组织行为学、公共关系学、数学等学科的知识技术及方法广泛地应用于市场营销学，它的内涵深化、体系完善，它已经形成一门拥有多学科介入、极具实践性的综合性管理科学，并在全球范围内获得了普遍认可。

美国经济在20世纪70年代经历了一系列变革，出现了经济衰退、资源短缺和环境被破坏等多种困境，它也正式步入了后工业化时代，并对其国内经济的产业构成做了大规模调整。在这个阶段，工厂的规模逐渐缩小，服务行业逐步成为支柱产业，信息产业则被认为是未来经济增长的核心。为了适应这种变化，部分营销专家开始研究市场营销的社会影响，他们更加注重市场活动与环境的和谐并且尝试使经济效益与社会效益结合，他们在制订市场营销决策时采用了系统分析方法。市场营销学的研究焦点也从战术层面转向了战略层面，认为企业在复杂多变的环境中，除了要创新并让客户满足之外，还得能灵活应对市场变化，进行策略规划和策略管理。在20世纪80年代到来时，菲利普·科特勒为应对贸易保护主义带来的市场封锁情况，提出了"大市场营销"观念，并从原始的"4Ps"概念引申到"6Ps"，甚至在以后的时间内扩展到"7Ps""10Ps"和"12Ps"。自20世纪90年代起，随着"关系营销""网络营销""绿色营销""营销技术支撑系统""一体化营销传播""全球营销"等多种新的营销概念和态度涌现出来，市场营销领域因此变得更加丰富，市场营销理论也更接近完善之境。

第二节　市场营销学相关理论

经历了大约一百年的发展，市场营销学已经变得日益成熟。我们从前辈们那里继承了许多值得学习的经验和完善的理论框架。市场营销的理论随着市场营销观点的提出而演进。每当提出新的观点时，都会带来产生新的理论或者是对现有理论的深入完善。市场营销学中的一些关键观点相继被提出并获得社会的认同。

自20世纪末至今，诞生了大量的社会经济新名词，它们的兴起无疑会给社会、政治、经济等领域带来巨大的变革。因此，这些创新理念必然会对市场营销的各个环节产生深远影响。

知名的市场营销专家菲利普·科特勒阐述："市场营销学乃是一种结合了经济学、行为科学以及现代管理学理论的实践科学。"

对于市场营销学的概念，各类专家有着不同的解读。而基因·开罗西尔对于他收集到的50种市场营销学的解释进行了分类，可分为三种。

第一种观点认为，市场推广学就是研究制造商如何借助销售路径与市场接洽，以刺激消费者购物的过程的理论。

第二种观点认为，市场营销学是一种专注于为消费者提供服务的研究理论，也就是探讨如何通过商品的生产和供应，乃至整个为消费者提供消费的一连串行为，来达成满足消费者需求的目标。

第三种观点认为，市场营销学专门探究了出产者与购买者间的一种联系关系。

市场营销的理念和实践在很大程度上会受市场营销的基本特性的影响和制约。对现代市场营销的核心理念的深度研究不只是对现代市场营销学说的深入阐释，也是对企业市场营销行动的关键指导。但是，市场营销基本要素的理解，无论国内还是国外的市场，营销专家至今都没有给出明确的解答。这无疑让人对市场营销基本要素的理解变得含糊，同样也影响了市场营销学说对商业市场营销实际运作的有效指导。

第三节　国外市场营销学界的主要学术流派

一、宏观市场营销学派

企业在社会地位上的持续攀升与宏观营销学的诞生关系紧密。众多学者主张，不应将企业仅看作追求利润的经济组织，更应从社会视角去全面审视企业营销行为的影响。这一学派的代表人物，如罗伯特·霍洛韦和罗伯特·汉考克，他们提出，营销活动是一种社会活动，它既影响社会，又受社会的影响。因此，研究企业的外部环境因素，如社会学、人类学、法律和技术等方面非常关键。另一位代表性人物乔治·菲斯克则巧妙地区分微观和宏观两个系统，对于推动宏观营销理论的发展和完善起到了重要作用。

二、消费者主义学派

消费者权利的活跃推动，催生了消费者主义的学派。他们主要研究消费者的权益，反对不道德的市场商业行为，例如欺诈广告和高压销售等，呼吁政府出台法规，以保护消费者利益。该学派全方位分析消费者的投诉行为，并对特定消费群体的购物行为进行了深入研究。

三、系统方法学派

这一学派重视对市场营销数据的解析，并倾向于采用管理科学、数学模型以及灵活性、边缘效益等观念。许多学者都构建了以自己的名字命名的市场营销模型，如德蒙模型、斯普林特模型和亨德里模型等。

四、购买者行为理论学派

购买者行为理论学派在市场营销学领域持续居于主导地位的时间最久，近年来更已确立其不可动摇的优势地位。它侧重于运用行为学和心理学的知识对消费者行为进行深度解析，相比之下，传统的市场营销学者们常常只借助社会学的研究成果来解读表面的消费者行为，两者在研究方法上存在着天壤之别。购买者行为理论学派致力于研究家庭购买决策与工业购买行为，并采用行为选择数学模型进行精确的定量分析。由此可见，购买者行为理论学派的诞生引领了西方市场营销学领域的飞跃变革，以此将市场营销从一个单纯的实践操作领域推升至科学研究的高峰。

五、行为组织学派

在20世纪60年代初，一些市场营销专家广泛地借鉴和采用了组织管理学的领先理念，并从社会学的视角将其应用于市场营销渠道的管理，从而创建了行为组织学派。如今，这个学派在市场营销领域的地位正在逐渐上升。

六、战略计划学派

随着高新科技和信息化社会的出现，各个市场的竞争日益激烈，特别是日本引发的竞争态势使得美国商业公司更加关注战略计划产生的影响。在这种情况下，战略计划学派成形并崭露头角。这个学派关注的是分析公司所处的不断变化的环境以及如何适应环境，建议以制定公司战略计划的视角来分析市场营销的理念。其中，加戴克是这个学派的重要代表之一，他曾经提出了五个关于战略市场营销的核心理念，包括市场营销理念、市场细分、市场定位、策略制定和产品生命周期。这个学派对市场营销理论有重大贡献，主要体现在以下三个方面：首先，它将市场营销理论研究的重心从战术问题或各种活动转向更加注重战略问题的研究；其次，它提出了应对变化的营销策略议题；最后，它成功地将市场研究融入成为市场营销实践的一部分。

第二章 市场营销的本质

第一节 市场营销本质的认识过程

一、市场营销的本质是流通过程

人们对营销策略的理解经历了一个长期的历史阶段，直至20世纪50年代，才出现了以满足市场需求为核心的营销观念。在营销理念诞生之前，公司的营销行动主要集中在产品上，重视生产和销售，忽视了市场需求，因此，其营销行为非常盲目。然而，随着营销观念的诞生，公司开始意识到满足市场需求是营销活动的关键所在。

构建市场营销的理念，对以生产为核心的商业操作方式来讲，是一个巨大的变革，这给公司的市场营销行动提供了理论依据。但是，学术领域和商业环境对以需求为主的市场营销理念的理解程度还不足，从1960年美国市场贩售协会对市场营销的解释中可以看出端倪。这个解释强调市场营销是将商品和服务从制造者转移到消费者或使用者的商业行动。市场营销始于生产并以消费结束。这一理解把市场营销当作商品流通过程，却忽略了市场需求以及市场营销的全程，其限制性主要由于受到了长期的传统商业模式的思维定式的制约。

二、市场营销的本质是识别需要和满足欲望的企业活动

随着公众对于市场营销观点的持续理解，有些公司开始逐步将"以产量决定销售"的策略改变为"以需求决定生产"的创新型营销方法，这更加推动了公众对"市场营销"的重新理解。在1984年，美国知名的市场营销专家菲利普·科特勒把市场营销描述为："企业的这种行动就是：识别现有的需求和欲望，评估和ACK需求的数量，选择本企业能够最优化服务的目标市场，并决策适当的产品、服务和计划，以便服务于目标市场。这个定义首次明确地将识别当前尚未满足的需求和欲望，为目标市场提供服务作为企业市场营销的核心，打破了市场营销仅仅是流通过程和职能的定义，从以产品为导向的市场营销活动转变为以需求为导向，首次从营销理念的角度揭示了市场营销的本质。

第二节　现代市场营销本质的深刻内涵

保罗·马苏，一位美国经济学家，曾经明确表示："市场营销的目的是向社会传递生活的准则。马尔康·麦克纳尔，一位来自哈佛大学的教授，在此基础上，他进一步提出了"创新"这个概念，并将其解释为"市场推广的本质就是为了制定和推广一种适应社会的生活规范"。他的深入剖析，直接揭示出市场推广的核心。尽管如此，这一解读一直未能得到专家学者的充分关注。

如果现代市场营销理论没有深入阐述其最终目标，那么它就无法

被视为一个全面的定义或理论，也无法全面展现出市场营销的实质。根据保罗·马苏和马尔康·麦克纳尔对市场营销理论的解读，并参照当前被全世界广泛接受的可持续发展理念，我个人觉得，现代市场营销应该被总结为：其最终目标就是推动循环经济的发展，并达到人类社会的可持续性。这需要我们不停地研究、创新、指导新型消费，并且推广新型生活方式。在这个过程中，我们需要从全球市场出发，设计、挑选并执行能够使公司资源与外界环境协调一致的市场营销策略。保障公司的持久发展。在其中，推进循环经济的进步、实现人类社会的持续增长，以及为社会塑造和传递新的生活理念，是对现代市场营销核心含义最深层次的认识。

推动循环经济的发展和人类社会的持续发展是现代企业市场营销行为的基础。20世纪60年代环保运动的兴起催生了循环经济的思想。在1962年，美国的生态学专家卡尔逊撰写了《寂静的春天》一书，阐述了生命体和我们自身正在遭遇的威胁。"Circular economy"这一术语最早是由美国学者K·波尔丁所定义，其主要含义是通过调整传统基于物质耗费的一维式经济发展路径至一种以生态环境为主导的新方式来实现持续性的进步。到了二十世纪八十年代末期，"sustainable development"这种新观念应运而生并在1987年联合国发布的名为《我们的地球共享之愿景》的研究文件里得到了第一次全面阐述及认可。

在人类社会可持续发展的背景下，市场营销需要依赖循环经济。这就意味着，现代企业必须不停地开发新的科技、制造新的产品、指导新的消费行为、推广新的生活理念，这是他们无法推卸的职责。而要完成这一职责，企业并非只能依赖现有的资源和市场。公司在市场上扮演着塑造并推广新的生活规范的角色，这个过程与交易对象、购买者以及购买方法密切相关。无论哪一个元素的转移或更替，都将对公司的市场营销策略产生重大的影响。公司在市场推广中扮演着核心角色，它们需要改变并推广自己的推广策略。同时，消费者在这个过程中，他们不仅是推动这些策略改进的力量，同时也是这些策略改进的接受者和评估者。因此，公司在推广策略上，除了需要积极顺应市场环境的转变，更需要预见未来的社会经济状况以及消费趋势，并且持续进行创新，以便推出更多的新产品、更好的服务，从而指导消费，使公司真正成为推动并传达新的生活理念与生活观念的先驱。当今的公司正处在一个愈加烦琐的商业运作环境，其竞争领域已经跨越了地域的边界，显示了全球化的态势。如果公司想要在这个竞争中取胜，那么他们需要将全球的市场作为观察的角度，理解并掌控世界的经济动态。根据人类社会的可持续性，他们需要在世界各地分配公司的资源，挑选、设计并执行适应公司资源和外部环境的商业运作策略，致力于培养公司的核心竞争力，这样才能保证公司的长期运作。

揭示现代市场营销的内涵和本质，不仅是一种理性的解读，也体现了现代市场营销的人性化特征。显现当代商业推广的核心意图并未将社群目标替代为个人目标，反倒在一致性引领之下呈现出多元化：这并非仅仅满足真实消费者的需要，更代表了社会进步所带来的持久收益。

促进循环经济发展，使人类社会不断向前迈进，同时向大众传播新颖的生活方式，确保公司的稳定运行。这是创新的市场营销思维，它揭露出二十一世纪公司市场营销的主要特征，明确了当代公司市场营销的目标，深入探讨了社会市场营销理论，成为评估公司市场营销活动的终极价值观，也是现代公司市场营销的关键所在。

第三节　揭示现代市场营销本质的意义

一、对现代市场营销本质的揭示，为现代企业构建营销理念提供理论基础

推动循环经济的发展，为人类社会的持续进步创造并传递新的生活准则，是现代企业市场营销活动的核心思想。所有公司的核心价值观都是由其基本目标和核心理念共同构建的。公司的主要价值在于其所提倡和接受的价值理念，而公司的主要目标则是在追求利润之外，寻找最终的目标。詹姆斯·C·柯林斯与杰里·I·勒斯，两位美国的专家，在他们的研究中，找出了18个表现优秀、持续繁荣的企业，并揭示了它们之所以能够持续繁荣的关键，就在于它们各自所持有、提倡或接受的主要观点。他们观察到，那些有远见的公司并不把提升股东财富和追求最大收益作为其首要目标，而是致力于一系列的利益目标，赚钱只是其中一个，但并不一定是最重要的。虽然他们致力于获取收入，但也是以一种主导思想作为导向，该主导思想涵盖了关键的价值观以及超越仅仅关注盈利的责任感，并且对公司的经济收益或者短期的股份有所保留。公司的主要目标是除了赚钱，还存在其他根本原因，这些原因主要起到引导、推动和激励公司的作用。乔治·默克，一位美国的默克公司的创始人，早在1920年便确立了公司的核心理念：制造药物的目的是治疗疾病和帮助他人，并非为了盈利，然而，这也带动了盈利的产生。默克公司的成长受到乔治·默克的商业

哲学的巨大推动，这一哲学观点也被持续地奉行，进一步揭示出默克公司的价值所在。

按照彼得·德鲁克的观点，市场营销实际上是商业活动的全部。这表明，公司的市场营销思想必须与其主要理念保持一致，同时，现代市场营销的主要思想也应该反映出人类社会的基础价值。虽然研究者如詹姆斯·C·柯林斯及杰里·I·波勒斯发现，没有一种适用于所有具有长远视野公司的关键价值架构是固定不变的，但我认为，创建能够反映并促进人类社会可持续发展的理念，对于解决全球的环境问题和人、自然和社会的持续发展都是有积极意义的，同时这也为未来的商业市场营销战略和行为指明了道路，将会深远地影响我们消费者的行为方式和生活模式。现代公司的主要使命在于创建并推广新的生活理念，而推动循环经济的发展以及实现人类社会的长期稳定发展则是其最终追求。终极的人类行为目的在于确保人类生命体的存活与成长需要得到满足，同时也要达成人类本身的核心且长远的权益。为达到保护其他物种的生计及进步要求，并维护它们的存在权利和整个生态系统的平衡，这不仅是我们实际操作的目标，也应是商业机构所追寻的目的，作为构建独特策略性的市场营销观念之基石。

二、对现代市场营销本质的揭示，为现代企业评价市场营销活动提供试金石

对一个公司的商业推广行为进行全方位评估，除了评估它的财务收益外，也需要评估它的社会影响力。对于人类社区的长期进步，建立并推广全新的生活理念，不仅构成了公司能够长期运作的基础，同时也构成了衡量当代公司市场推广行为的最高价值指数。

人类对于持久生存和发展的需求构成了企业的基础，同时也是揭

示市场营销本质的开始，这也是现代企业市场营销行为的关键特征。对现代公司的商务推广行为进行评估，必须考虑到人类的进步需求。近些年，由于我们对自身居住的世界的理解越来越透彻，我们的环保意识逐渐提升，致力于实施清洁的生产、消费和保护我们的地球资源和环境。这种改变也推动了我们的消费理念，使得绿色制造、绿色消费和可持续发展逐渐转变，这些已经逐渐成为我们行动的主导思想。

选择循环经济发展策略模式是实现人类社会可持续发展的最佳方式。随着循环经济的发展壮大，它已经开始在引领我们从过去几百年以来一直遵循着的环境与进步的问题上做出重要贡献了——这是解决这些问题的关键步骤之一。这种新型的社会经济学体系把人类及其所处环境视为一体化的整体来考虑并以此制定其行为规范。此外，该理论还强调高效能的使用方式并且追求零污染的目标。这个新的成长模型完全秉持于可持续性的观念中去思考如何实现最大程度上的繁荣而非传统的过度开发的方式。自从二十一世纪初以后，基于科技创新下的新一代生态型商业形态逐渐成为全球范围内的主要潮流方向。

作为市场的核心参与者，公司肩负了创建并传播新标准的生活的职责，这间接地体现了其推动循环经济发展及满足人类社会持续进步的历史责任。对于现今的企业而言，这是个全新的课题，同时也是对其市场营销观念与技术革新的考验。引入循环经济模式要求有充足的财务、科技等资源投入。

尽管许多中国公司还未形成推动循环经济发展并保持经济持续增长的市场观念，并且由于其资源限制，他们也无法支持实施循环经济所需的技术设施与研究力量。然而，当公司的环保意识逐渐提高且经济实力不断壮大时，它们将会基于现有的社会责任感来创新市场策略，以促进循环经济的发展及人类社会的长期繁荣。

三、对现代市场营销本质的揭示，为现代企业构筑市场营销战略提供新思路

理解现代市场的核心特性，对于公司建立其市场策略至关重要，也是他们完成由概念向实际成果转变的关键步骤。通过深入研究现代市场的核心特质，我们可以发现企业的最终目标在于推动循环经济发展，以促进社会的可持续进步。这同时也阐述了这个目标所引导的企业未来展望，也就是总的商业策略的目标-持续运营。解答了一个长期存在的问题，那就是现代公司的主要销售对象是什么？答案就是为了给人们提供并传播新颖的生活方式。同时明确了执行市场策略时必须遵循的基本原则，包括全球性的视角，以及如何制定、挑选及应用能使公司资源适应外界环境变化的市场策略。现代市场核心的含义，也为我们提供了关于市场策略的新思维，这对公司避免短视行为，创建全面的战略市场管理系统来说是一个有效的解决方案。

曾任美国家庭用品公司总裁的著名商人兼作家约翰C米勒说："如果我们只满足客户的需求而忽略了他们的欲望的话，那么我们的生意将会失败；反之亦然！"他强调的是一种新的商业思维模式——消费者导向型（Consumer-driven）的市场策略是未来成功的关键所在！

"逆向经营"是莱维特教授提出的解决方法来防止及治愈所谓的"市场营销近视症"该策略颠覆了传统的企业运营流程：首先，深入理解顾客的需求；其次，通过研究这些需求并找到公司可以满足的部分；然后，明确具体的产品形态以实现这一目标；随后，采购必要的原料；再次，制定制造工序；最后，开始生产商品并将它们投放于市

场，从而满足客户的需求。他深刻地洞察到了这个观点的重要性，给当今的企业提供了有效的营销解决方案。然而，他的认知仍存在一定的限制，因为他只关注了需求对于营销的作用，而忽视了公司的社会职责和社会长远的福祉，也未能充分意识到企业能主动创造需求与引领消费的能力。

对于当代商业市场的核心含义的阐述，向公司展现了一个超越传统的营销观念，即只关注公司的自我利益和仅满足消费者需求的新视点。这呼吁公司利用经济发展的方式来推动循环经济的发展，并从全社会的持续进步出发，创新和推广全新的生活规范与生活模式作为其营销的核心力量。同时，他们应把目光投向世界范围的市场，以此制定出符合自身的市场策略，从而保证公司的长期生存。

第三章 企业管理的创新观点研究

第一节 管理创新的概念

伴随着知识经济时代的来临，市场的发展方向正朝着差异化、细化和个性的方向持续增强。同时，因为市场已经走向全球一体化的状态，其间的竞争压力也随之大幅度提升。科技的快速进步使得新产品的研发时间显著减少，而信息技术的普及则让公司对市场的连接更加紧凑。这些市场变革的要求迫使公司的运营必须以创新为核心并将其常态化。

公司运营革新是指持续依据市场的变迁和社会的发展，重新配置人力资源、资金及技术元素，用知识应对市场并满足其需要，与此同时实现自我利益和社会义务目标的一个流程。这同样也是管理的本质，也就是说，管理即智慧的创新，反过来讲，创新亦是管理的一部分。此外，我们务必明确区分"创新"和个人灵感或意外收获。虽然很多创新确实由此开始，然而，真正且成功的新颖想法往往更为复杂。创新是一种进程，可以由个人触发，也可以通过学习和模仿产生，不过，被称为"创新"的关键在于在此基础上所付出的艰辛努力，包含了大量的学问研究、借鉴、运用知识的能力、创建适宜的环境和条件，并且能够有效地整合这些初始点形成一套体系。我们无法设想如果不是因为牛顿进行了艰苦的研究计算和推理，他能否从掉落在他头顶的苹果中找到万有引力的规律。

就经济学视角而言，管理革新代表了引入一种全新的选择方案，无论是在资源或策略上的替换都会引发效能与收益的相关问题。若创新无法带来更为实用且费用较低的产品及技术，或者未能快速实现其目标，则该项创新可能毫无意义或是需要搁置一段时间。对于管理革新的效能与利益的需求表明，这是一种涵盖公司所有部门和领域的全方位挑战，因此，它是一个复杂而系统的课题。

有效的管理工作是指对团体资源进行合理配置并以此实现其预设的目的及义务的过程。这一阐述的关键在于如何利用团体的资源去完成预定的目的和任务。对于团队资源的管理需要考虑众多要素和挑战，同样，预设的目标和职责也需要考虑到诸多方面的问题，这整个解决问题、执行工作的流程就构成了管理的工作内容，而那些被处理的问题本身也是一种管理工作。所以，如果我们把"管理创新"理解成跟工作相关的话，那么我们可以这样描述它：通过采用新颖且高效的方法来优化团队资源的使用，从而更好地实现预期的目标和任务。

第二节 管理创新的产生

一、约瑟夫·熊彼特

熊彼特的创新理念主要强调的是引入新型的产品，这与单纯地研发出全新产品有很大区别，前者更注重推广给消费者尚未了解的产品的方法技巧。他的观点中提到的使用新型制造工艺，实际上是在描述如何利用组织的内部资源进行有效的重新分配。开拓新兴的市场、掌控原料或中间产品的新型供给渠道、实施任何一项产业的新型结构等，都可以被视为管理适应环境变迁并达成组织目标需要思考及执行的事项。所以，尽管熊彼特意图阐明这些因素对于经济发展的重要性，但他实际表达了创建全新的资源分配策略的深层内涵。换句话说，若是从创新的角度审视经济发展进程，其本质便是由于技术的革新和思想的变化引发持续出现新的资源分配模式，进而提升资源分配效果，最终达到最佳状态。同时，我们也可以这样理解：熊彼特的经济学理论其实就是在探讨新的资源分配手段是如何促进经济增长的。再进一步讲，管理的核心任务即优化资源的使用。

尽管熊彼特的创新理念触及管理的核心部分，但是仍有很多限制因素。首先，熊彼特并没有精确界定其所指出的创新的资源分配特性；其次，他在阐释创新理论及其五大行为对于经济发展的重要性时，没有认识到创新的关键在于成功实现了全新且高效的资源分配模式，从而满足整个社会的最大化利益需求。此外，熊彼特主张创新实质上就是对现有的生产工具做出不同用途的选择，而这往往是由闲置或由非经济事件（比如战争）引起的结果，因此，新的结合需要依赖于已存在的生产工具，而不是通过挖掘潜在的机会来获取这些工具。这种观点是有误导性的，因为创新也可以包括开发出新型的高效生产工具，这是当前科技发展已经证实的事实。最后，在新组合的五个要素中，有些涵盖了全面的资源分配策略，比如生产方式和技巧；还有一些则是特定领域的重大突破，比如开拓新市场、引入新产品等，然而，这样笼统的归纳是不完整的，即便是在当时的社会经济背景下，诸如制定价格联合策略、划分市场份额等问题也应纳入新的组合范围之中。

但是在经济学领域，熊彼特的创新理论独树一帜，引人瞩目。这也使得创新本身受到了广泛关注。

二、科斯及其追随者的意见

若按照传统的经济学理论，当交易费用为0时，个人可以自由地通过市场来交换产品和服务，因此没有理由去创建并维持公司的运作。然而，我们观察到的是，尽管如此，公司确实存在并且有其特定的规模，这种现象背后的驱动力是什么呢？特别是，在连续生产的各个阶段及不同行业间，既有基于长期协议的关系，也有纵向整合的现象，这两者是如何共存的呢？为了解析这个问题，科斯教授引入了一个新的概念——"交易费用"根据他的观点，市场的交易过程本身就伴随着一定程度的成本，这个成本被称为"交易费用"公司的出现与持续运营的目的在于降低这类费用，也就是以更低的公司内部交易代替更高昂的市场交易。至于公司的大小，它会受到公司内部边际成本与外部市场边际成本之间的平衡点的影响；而在不同的生产阶段、行业间的选择则是看哪种方式的交易费用更为节省。

Williamson 深入拓展了 Coase 的理念及其见解，对于企业的构建方式做了深远且富有成效研究。他的表述如下："在我看来，我们应该把现今的企业看作是由众多旨在节省贸易开销的目标导向型并且产生效果的机构变革产生的结果"这意味着商业或者说公司的建立跟成长过程是一个为了减少商务交流花费的过程产物；在他提出的观念体系内，这种机制能有效地削减商贸支出。所以他在其论点上强调出一种新的思路来推动这个进程——那就是通过优化资源配置以达到更高的效率目标（也就是所谓的"organization innovation"）。换句话来说就是他们会寻找那些能够最大限度提高生产率的方法去实现这一目的一般而言这些方法包括以下三个方面：首先是在创建过程中尽可能增加专用的投资品的使用量，以便更好地利用它们进而提升整体效益，其次是要尽力消除可能导致的机会主义行径例如"free-riding"（免费乘坐）等；最后是要把权利分配给每一个具体的部门以此确保管理层不会滥用职权

在新产品的广泛制造下，制造业逐渐转变为以大量资金投入为主导的形式。这导致了一系列问题如设备使用率提高的需求及高额投资带来的沉重的负担等问题的出现；同时这也使得企业必须更加重视对资源的管理与整合工作（包括但不限于物料流转）以便实现最大化效益并降低风险。因此，大型公司不再仅仅局限于处理生产的各个环节中的物资调配任务，而是全面负责自源头到终端用户的所有流程管理工作。

在美国工业领域中，第一批被称为"大公司"的企业是由那些能够整合大型销售商创建的分销体系与新兴的管理大规模生产的工厂结

构相结合的公司。这种活动的内部变革及它们的互动有助于减少交易费用和信息的获取成本。自此以后，随着规模化的扩大，企业的管理变得更加复杂，进而催生出专业的经理团队并形成了科层式的管理模式，这无疑是人类历史上的重大管理突破。

第三节 管理创新在企业管理中的作用

一、企业管理的实质在于创新

（一）知识经济时代，企业管理的重点是研究与开发

在工业经济时期，主要的管理任务在于提升产出量。因此，生产过程成为管理的焦点，而关键则是如何优化工作效率。然而，随着我们进入到知识经济阶段，我们的关注点已经从单纯的扩大产能转向了对研发、营销和员工教育的重视。如今，商品数量的大幅增长或生产的简易化使得它如同"自我复制"一般简单。此时，更重要的任务是对创新知识的研究和发展，同时也要培养那些拥有这些知识的人员。公司正在逐渐担负起更多的教育职责。

（二）知识经济时代的生产方式是非标准的、柔性的

1.在大规模和高效的工业经济发展时期，我们采用的是统一的标准和专业的分工模式。然而，当进入以创新为核心的知识型经济时，我们的生产方法变得更加灵活且多样化，这被称为"非标准化"或

"柔性化"生产,它包括小型批次、多种产品的制造过程,同时也保持着高度的高效能。换句话讲,如果标准的数量过多而导致无法确定任何具体标准,那么这种现象就被称为"非标准化"或者"柔性"化生产。

2.制造业是以大型制造厂为核心的大型集约式生产的模式;与此相反的是基于个人电脑和互联网的家庭及小型办公场所组成的高度个性化的、分布式的产出形式——这种被称为SOHO（Small Office Home Office）的方式正在全球范围内流行开来并被广泛接受。

二、企业管理创新有其强烈的必要性

创新不仅代表着新的思维方式、理念或者理论构想等精神层面上的行为,也涵盖了研发出新型产品或技术的实际操作过程。对于一个族群来说,创新就是他们前进的关键驱动力;而对于一个国家来讲,创新则是持续繁荣发展的永恒源泉。如果缺乏创新,无论是个人还是集体都可能陷入墨守成规、停滞不前的状态,丧失生命力和活力的来源。在这个科技革新迅猛推进,商业竞争日益加剧的时代,伴随着知识经济的来临,创新在现今的管理中起到了关键性的作用,已经成为维持并推动现代化管理的核心功能之一。在当下的社会环境下,我们必须积极地开展管理工作中的创新实践以满足时代的需求。

（一）管理创新是科学管理的根本

人类的管理行为是一种关键的社会实践,主要关注人的变化无常的行为特征。尽管特定社会的经济条件决定了管理方式与策略的稳定性,然而管理的现象却始终处于变动之中,这意味着我们需要调整我们的管理创新以满足不同的需求。在各种管理任务中都存在创新元素，因此创新被视为成功的管理的关键因素。作为一门科学和艺术的结合体，管理学依赖于持续不断的创新来保持它的活力。如果缺乏创新，那么它就无法构成一个完整的科学系统，并且管理学的进步过程就是不断地创新。创新是管理学的核心特质，同时也是管理的基础性质。但是，在日常生活里，许多人都过于注重管理活动的维护功能，忽略了其实践意义上的创新能力，甚至有些人错误地认为"权变"管理等于"创新"管理，并将其应用到权利游戏的手腕技巧上。这种情况导致一些管理人员过分追求权力和职位晋升，从而忽略了他们最根本的责任，形成了部分领导者只会玩弄政治手段而不是认真履行他们的责任。这种趋势的影响不仅仅在于管理人员的绩效表现，而且对于整个组织的事业发展也造成了不利后果。所以，管理科学应该更加突出管理活动中创新的重要性，尤其是通过考核管理成果来评估创新价值。从宏观的角度来看，我们应当营造出一个鼓励所有管理者积极寻求创新机会，勇于尝试新事物，善于捕捉创新思维环境，及时行动，切实提升创新在管理学中的地位和影响力，让每一个合格的管理者都能充分认识到创新工作的重要性。

（二）管理创新是组织资源整合、社会系统运行和社会发展的需要

1.从资源整合的角度来看管理创新的必要性

所有社会机构在资源融合过程中所遭遇的问题都可归纳为两类：流程性和非流程性问题。无论哪一类，都需要依赖于管理的创新主体去激发创意并且将其转化为实际行动。乍一看，处理流程性问题时，需要按照现有的步骤或者规则来分配和使用资源以实现预期目的。然而，当我们全面审视了这些问题的起源及演化历程，我们会发现每一

个当前的过程实际上也是未来的创新之始。

2.从社会系统运行来看管理创新的必要性

所有社会结构均由各次级结构（元素）组成的具有活性的、开放式的非均衡体系。由于外部环境持续变动，因此其内的行为模式、形态和元素也会随之转变。因此，如果这个系统不能迅速响应并适应这些变革的需求，对部分或者全部做出适当的调整，那么它可能就会因为无法跟上环境的变化而遭到淘汰，也可能因内部因素的变更而不融入其中。

3.从社会发展的大趋势来看管理创新的必要性

如今，我们已经步入了21世纪的知识经济时代，管理者的视野不能再仅停留在高效利用有限资源上，他们还需更加重视"可持续发展"这一问题。在现代化的进程中，确保可持续发展的实施是一个关键策略。我们要把对人口数量的控制、资源的节省和环保的维护放在重要的地位，使得人口增速和社会产值保持一致，让经济发展同资源消耗及环境保护达到平衡，形成积极的循环。根据联合国的观点，《我们的共同未来》一书中强调了："可持续发展是那种能够同时兼顾当前需求且不会损害到将来人们满足自身需求能力的进步方式，它依赖的是管理的革新来达成。"

三、企业管理创新是企业生机和活力的源泉

（一）提高企业经济效益

目标在于提升公司对稀缺资产的管理效能，这种效能可以通过多种方式来衡量，比如加速现金流、降低资源耗费比率或者增加劳动产出等等。然而，这些表现都必须以经济收益为基础，即实现公司的盈

利能力提升。对于公司而言，这可以被划分为两类：一是在现有的基础上改善效果；二是对未来发展的投资并促进长期稳定增长。各种管理的革新可能侧重点不同，有些旨在改进第一种情况，比如通过优化生产流程；而另一些则致力于第二种情况，比如制订策略规划。无论哪一种，都是为了强化公司的力量和竞争优势，进而推动其进一步成长。

（二）降低交易成本

根据钱德勒的研究成果，他指出只有当公司建立了管理层次制度后，才能够充分体现出其带来的经济利益。这种管理层次制度的发展为现代企业提供了机会，让他们能将一些外部业务流程转化为公司的内部操作，以此来减少商业活动的成本支出。这主要体现在通过整合生产部门与购买、分销环节，降低了获取市场和供应商的信息成本。更关键的是，有效的产品流通策略可以让生产和销售过程中的设备和人力资源得到更为合理的配置，进而提升效率并降低成本。同时，管理的协同工作也能让资金流转变得更加稳固且快速，相比之下，由此节省下来的开支远大于因信息传递和交易成本下降而产生的节余。从中我们可以清晰地看到，管理革新对于推动公司进步和增加盈利的重要性。

（三）稳定企业、推动企业发展

公司运营的管理秩序化和高水平民主化被视为维持及促进其稳健经营的关键因素。有人曾指出，管理和科技是驱动公司进步的双引擎，如果这个说法成立，那么对于管理创新来说也是同样的道理，因其结果能为我们带来更加高效的管理策略、技巧和工具。管理革新对保持公司的安定性和推进业务增长的影响力可以通过多种途径来观察。通过研究，我们发现钱德勒已经证实了这一点，他说："当管理层次结构形成了并且成功执行了它们的协同工作时，这种层次结构自身就成为一种永久性的权力来源和持续扩张的基础。"所以，这项关于管理层次制度的改革不仅仅让该系统变得更为稳定，同时也使得公司发展的基础框架得以巩固，这对企业的长期生存具有积极意义。

第四节 推动企业管理创新的要素

一、推动企业管理创新的外部要素

企业的管理革新就像一幅五彩斑斓的抽象画，让人眼花缭乱，却又难以捉摸其中的精髓。那么，是什么因素驱动着企业管理的创新与改变呢？

（一）需求变化

公司在商业环境中充当供应角色，其存在是为了回应消费者的需求。他们借助创新来实现这一目标：既能发掘和填补未被发现的需要，也能适应现有的消费需求并提供个性化的解决方案。从量变到差异化，这是所有通用型产品的市场需求演进路径，也反映了商品市场的自我发展过程。

（二）市场竞争

关键性的商业环境转变在于竞业状况的发展演变。由于强烈且持续不断的竞争力压力导致了公司对满足客户需求的新颖解决方案的需求增加。原因很简单：当面临高度密集的企业群时，研发新型的产品通常会带来昂贵的开支及漫长的周期；如果无法迅速实现批量化制造并且维持长期独家的供应能力的话，这种尝试可能会造成财务上的损失或负债累积的风险增大。相比之下，跟随者们却能够专注于优化现有技术和服务流程来提高效率从而赢得优势地位——他们可以通过较低的价格水平或者更高品质的服务吸引消费者进而取胜。因此，在一个充满挑战的环境下，领先企业的决策受到众多追随者的密切关注并对他们的战略意图产生影响。强劲的竞赛驱策着各方寻求扩张业务范围以便占据更多的市场为了获取更多收益并在市场上建立坚实的根基，大型公司的合并活动频繁发生使得某行业的最终格局仅剩下三到四名主要参与者（部分领域可能存在寡头现象）。

二、推动企业管理创新的内部要素

（一）资本与成本

公司内部分为三个关键因素：资金、人力与技术，它们共同构成了驱动管理的革新力源泉。在外部环境中，融资及投资的问题反映了商业策略；而在公司的内部层面，首要关注的是成本控制，这包括对资本使用的优化调整。当条件一致时，资本使用量的减少能带来更高的效率和收益。从本质上讲，降低成本是公司持续改进的核心任务。

（二）科学技术的发展

科技进步对管理的革新起着关键作用；机械设备的应用进一步强化了专门化的倾向；大规模生产的实施使得标准作业得以严格执行，同时也推动了规模模型的形成；统计技术的运用助推了品质管控的提升；系统学与控制学的结合孕育出了当代的管理理念；而信息技术正逐步颠覆传统的管理方式。

由于其作为社会科学的一部分，管理的创新过程对于社会科学的影响更加明显。随着不断吸纳来自经济、社会学、心理学、文化学、政治学、行为科学等其他社会科学领域的最新成果，尤其是从经济学和行为科学中获得的新知识，这些新知无一例外地推动了管理理念和方法的更新及革新。

（三）创新观念

在科技创新范畴内，精神力量往往超越物质形式，它是由理念与愿望驱动的资金运作过程。尽管这种思想形态看似虚幻，但实际上却是一种关键的企业资产，也是推动公司管理变革的关键因素。资金、人力及科技被视为公司的核心竞争力并为管理改革提供基础，这三个元素共同构建了管理的第一层级。而科技成分与人力成分的融合形成了管理创新的效果模型；同样地，如果把成本成分和人力成分相结合，就形成了一种管理创新的体制模式。效果模型、文化和体制模型则是企业管理创新的核心焦点，它们组成了管理创新的第二层级。管理创新要素和管理模式的变化必然会带来组织结构的变化。

公司内的三个因素均会受到市场变迁与社会的转变所影响，同时它们也被视为社会及市场对公司的主导投资。这三个元素在公司内部的结合特性不仅会被市场和社会所塑造，也会反馈给市场和社会来实现公司的经济收益和社会的目标。公司管理的革新始自市场，而结束也在市场。若未由市场开始并经历市场的"革新"则无法成为真正意义上的革新。公司管理革新的使命在于持续调整这三者，使得它们的搭配达到最优状态，尽可能多地适应不断演进的市场和社会需求。

第五节　企业管理创新行为特性及创新内容

一、管理创新行为的特性

（一）管理创新的二重性决定了企业管理创新行为具有复杂性

作为重要的基本原则及核心特性，双面性的存在于管理工作之中被视为马克思主义的管理理念中的重要元素。他清楚地阐述道："当生产的社交化特征取代个体劳动者单独工作的状态时，监管工作或指导任务就会出现；然而这种现象同时具备两种不同的特质"。这揭示出自然的本质，即技术的应用使得这项活动的科技成分得以显现出来并且成为现代化产值体系的关键组成部分。另一方面则是社会的体现——也就是它的社科特点——这是指该项活动中存在的社群关联因素且它是所有经济结构的一部分，这也说明的是由社区所产生的各种规则对这个领域的影响程度之深远及其对于构建新的机构形式的重要性等等这些问题都是不可忽视的存在。因此，可以说这两种不同类型的属性和它们之间的相互影响的关系就是一种互联互动的过程而且他们之间也有一种动态平衡的状态来维持他们的稳定和谐的发展进程!所以从某种意义上来说这两个方面的进步应该同步推进才能够达到最佳的效果从而让整个系统的运行更加顺畅高效才是我们的最终目标所在。

（二）管理的动态性、创造性决定了企业管理创新行为具有持续性

作为一个复杂的环境中运作的企业，它是通过不断地与外部世界进行物资、能源及信息的交流来形成的一个动态开放体系。同时，人类作为这个系统的管理主体和对象，他们各自拥有独特个性和特点，这就导致了企业的内部和外部的管理活动中存在不可预测的风险和未知的信息，这些都成为推动企业管理变革的重要基础。就像彼得·德鲁克指出的那样，"管理者不能仅仅视明日为今日的延伸。"因为如果我们想要达成预设的目标，就需要具备创新能力，这是基于动态变化的基础上的。因此，创新已经成为管理的一种形式，根据熊彼特的观点，"创新是企业家精神的核心"。同样，彼得·德鲁克还强调说："企业管理并不是一项官僚化的管理工作，而是要保持创新力，而非适应现状的工作。"所以，从根本上讲，管理是一种需要持续更新和创新的动态进程，并且这种进步是以设定好的创新目标为导向的，并在不断突破的过程中向前发展，而并非一项有固定结束点的任务或者一次特定时代的改革。

（三）管理的间接性、滞后性决定了企业管理创新行为具有风险性

间接性和延迟性描述的是管理结果的间接性和延迟性。从根本上

讲，管理是一种"让别人完成工作"的功能。因此，执行管理意味着制订规则、调整和指导人们的行动，以便他们的行为能够满足某个既定的目标和目的。换句话说，这是由管理者控制下的其他人创造的一般生产产物。然而，这个一般的生产产品还包括其他人的身体和智力的投入，这些投入都包含在内，所以它显示出了它的间接性和模糊性。不仅如此，管理过程中的协调和引导别人的意愿这一核心特性使得管理工作经常会营造出一种氛围或者价值观念，并且长时间影响甚至主宰着人们的行动，时间效应更为持久且带有一定程度的延迟性。管理工作中可能会出现现在有效果但是需要付出未来的长久损失；也有可能是现在的收益并不是很明显，但在长期看来却是极为有益的。就像彼得·德鲁克曾经说过的话那样，"管理效率主要在于为了当下的公司的将来做准备，公司目前的成功或失败大部分是由之前几年的管理造成的。"另外，因为所有的管理活动都是在特定的环境下进行的，而且在这个科技快速发展的时候，无论是内部还是外部的管理环境都充满了某些的不确定性，这也加大了管理创新的难度，同样也会导致管理创新风险性的提高。总的来说，管理过程中存在的间接性、滞后性和长期性以及管理环境的不确定因素导致其具有一些风险。对此进行创新时，这种风险就会更为显著。

二、企业管理创新的主要内容

（一）观念创新

企业的进步和经济结构的变革，离不开思想的持续解放以及观念的持续刷新。

根据马克思存在决定意识的原则，我们可以理解到公司运营及管理的状况变动会立即影响其股东、经理人与员工的认知态度，进而激发公司的持续进步。就全球视角而言，21世纪初开始，全球商业界已进入了新的管理转型阶段，政府与企业分离的体制正逐步形成，同时，混合型企业制度也处于发展期且呈现出复杂的状态；然而，传统管理模式仍在努力发挥效力。站在现代企业制度对管理科学的要求角度来看，我们需要摒弃那些不再符合国内外的业务环境的旧有管理观点，这需要我们学习国外领先的管理理论，融合中国的实际情况，擅长归纳企业改良过程中的新型管理思路，如市场观、竞争力观、收益观、资讯观、策略观、销售观、人力观等等，这些都应基于社会主义市场经济发展的新概念来建立。唯有如此，才能够适应当今快速演变的公司内部外部环境。

在新思维革新过程中，关键在于构建新的认知管理的概念框架。传统的公司运营模式往往忽视了知识资源的重要性。这种现象尤显明显体现在公司的经营策略与实践上，主要是聚焦人力财力等实体因素上的管控却未充分重视其背后的无形财富——企业智慧资产与非物质财产。这种现象体现在了公司的经营结构里面：从来没有人会把"智力资本"或"无形资产"列入公司的固定成本之中；实际情况下，当代商场中的大部分都是由智力和精神力量所驱动着的。研究报告显示，美国市场价值的一半以上并不在于公众视野之内（即被计入了公司的负债）；对那些高度依赖科技创造力的公司而言，他们的大部分技术成果都未能进驻至公司的账户里。随着时间推移，科学技术日益发展变得越加重要，尤其是在竞争压力极大的环境之下，唯有依靠持续性的科技创新才能获取市场份额并保持竞争力。然而，正是这些隐藏在表面下的深层次的知识资源为公司带来了广阔的市场机遇和丰厚的利益，使他在严峻的挑战面前能够站稳脚跟且蓬勃发展。所以公司需要认真处理智力资产并强化公司的智慧运营能力以全面提升其对智能资本的管理水平；同时要加大力度挖掘与应用这些宝贵的信息财富来提高自身的创造力和竞争力。唯有如此，我们才有希望在这个充满挑战性的市场环境里保持优势地位并且获得持续发展的可能性和机遇。

（二）组织创新

当前，管理学的经典理论——学习型组织是由彼德·圣吉提出来的，这一概念得到了广泛认可和赞赏。从根本上讲，学习型组织是一个具备持续创新力量、能够源源不断地产生新想法的组织。因此，为了实现这个目标，彼德·圣吉提倡了五个关键的学习技巧，并坚信这些技巧对于构建学习型组织至关重要。

在知识经济时期，信息的进步使公司之间的知识分享成为可能，这导致传统的层级式企业架构已经无法满足现今企业的运营需求。由于多元且广泛的信息网络构建出一种新颖的组织模式：扁平化组织结构。这种组织方式主要通过削减管理级别、缩小部门规模及裁员来实现，形成了一个紧密且有弹性的新一代管理体系。它的优势包括迅速、灵动、高效率等特性。作为一种基于静态框架但又具备动态特质的组织形态，扁平化组织的主要特征是在保持传统等级制的同时，也存在着各种临时组建的项目组，让拥有不同技能的人员分布于这个庞大的组织系统内。借助这些连接点，可以在更大范围内加快知识的全面流动，从而提升整个公司的表现。扁平化组织的关键竞争力不仅能有效地降低管理费用，还能显著增强市场响应能力和客户满意度。因此，扁平化的企业组织将在知识经济时代展现独特的组织变革趋势。

（三）战略创新

公司为确保其长远且稳定的进步，需要实施独特的商业策略。这是因为独创性是商业计划的核心特性，同时也是实现成功的核心保障。经过研究和比较全球顶尖公司的经验后发现，我们无法简单复制他们的商业策略，而应该根据未来的变革趋势来调整我们的方向，并且充分利用自身的优点，跳脱传统的思维框架，以更加灵敏的方式去构建新的策略，这样才有可能形成符合自身需求的特殊方案。要想维持公司的持久成长，最重要的是懂得如何进行策略创新。对此，特别需要解决好以下五个问题。

1.从适应环境向创造环境转变。

公司置身于繁复且不断变化的市场环境下，尽管市场变动对公司的限制及挑战显而易见，但同时它也为我们带来了全新的商业机遇。所以，当我们在制订策略创新的时候，我们需要紧密关注与我们业务息息相关行业的动态，并主动寻求我们可以利用的机会来推动我们的增长，这样就能使新兴项目创建、技术研发以及市场拓展等问题纳入整个公司的战略规划里，从而为公司应对未来市场做好充分准备。

2.从竞争取向转向非竞争取向

基本策略创新的关键在于非竞争导向。这意味着要回避和主要竞争对手产生直接对立，关键手段包括寻找未被充分利用的市场空间。这些未被开发或仅有少数公司涉足的市场被称为"空隙"市场，因为它们代表着还未得到满足的客户需求。在这个领域里，初始阶段的竞争压力相对较低，而且可以带来丰厚的回报。

3.从常规经营向超常经营

由于经营常规是长期经营活动的创新总结，在一定的行业、时期和地区对于指导企业正确开展经营活动有积极作用。但在制订经营战略时，这种经营战略往往成为战略创新的障碍。所以，突破商业惯例并执行非凡的运营策略是实现创新型业务计划的关键路径。这意味着运用超越传统的全新运营方式去推动商务活动的展开。这就需要管理层从全新的角度审视在新条件下运行的商业行为模式，勇敢地质疑旧有的商业习俗与常规的有效性，敢于构思独特且新鲜的想法。唯有如此，我们才有可能开发出能应对环境变迁的新颖运营手段及具备创意性的业务策略。

4.从开发实体资源到积累虚拟资源的转变

对于非物质资产的积累方式主要分为两类：首先是通过预先规划的行为来累积，例如为了提升公司品牌而实施的营销与公共关系策略，或者为了研发新型商品所做的技术探索等；其次则是透过常规商业行为去累积，比如销售人员凭借其优质的服务及言语推广使得客户对公司的信赖度增加等。因此，企业的运营策略革新应全面利用这两种途径，并将其视为核心任务，即如何有效地储备未来的非物质资产。

5.由单一效果转向综合效果

在商业运营过程中，单一的经营元素所产生的影响是有限的。然而，如果将这些经营要素融合在一起，其综合效益将会远超过各个经营要素的单独效益总和。因此，通过各种经营要素的巧妙组合，追求最大的组织效果是经营战略创新的一个方向。

在一个高度发展的当代环境中，企业的成败很大程度上取决于是否能确立正确的策略并且有效执行它。伴随着世界的经济发展一体性和对外的敞开度提升，跨国公司已逐渐转变为各种公司的主要商业模型之一。这种新型的企业运营方式包括了以全局视角去寻找及分配资金（如投资）与人力物力的能力；依据各地不同的税收优惠政策及其潜在的风险因素调整资产分布情况；针对各个地方的技术进步状况或专长选择合适的研发方向；同时考虑每个区域的社会文化和员工需求以便更好地使用人脉关系网络等方面内容。此外，还需要构建一种适应于多边合作且高效运转的产品制造系统，创建覆盖整个地球范围的市场销售渠道并在本地招聘有经验的人员团队从而更快速精准获取有关市场的最新动态数据等相关事宜。

（四）市场创新

1.经济全球化的市场创新

在经济全球化的竞争中，企业应采取以下市场创新战略：①竞争性战略。详细来说，除了借鉴美国的公司通过发布新的产品来开拓市场、利用收集到的客户信息以赢得顾客的心、提供优质的服务并保持价格低廉、选择最佳的地域布局和实施品牌策略等方法之外，中国公司还可以采取其他一些有效的手段，如从旁进攻战术、黏着度策略、引入后吸收再创新的方法、制造意外惊喜的方式、深入渗透的策略等。②出口替代战略。自我国实施改革开放政策以来，其产品在全球市场上已经展现出了一定的竞争优势。供应不足问题也得到了有效解决。目前面临的挑战是如何在全球市场推广本土特色产品，并采取出口替代策略，以获得更多外汇收入，进而提升中国在世界经济中的经济影响力。

2.互联网市场的新颖发展

伴随着电商网络的构建与国际互联网上广泛应用，各国的商企及消费群体都能够无视时空障碍地获取所需资源并推动经济发展迅速提升。普遍观点是，通过电子商务可以在如下几个领域获得优势：①触达全球客户；②无区域和时间的约束；③迎合那些不愿意直接与店员交流的购物者；④为公司的业务拓展开辟新的途径；⑤商家可以通过互联网来出售商品；⑥降低运营成本，提高竞争力；⑦方便快捷且易于推销附带品等等。

3.会员制度的革新

会员制度是指，只要消费者向批发商和零售商支付一定的会员费或年费，就能获得资格并成为该产品公司的会员，从此便可以享受到某些价格优惠或折扣。主要形式：①公司会员制。以企业的身份加入的企业会员制度是一种由企业为使用其卡片消费的人提供的信贷保障机制。这种方式下，消费者可以在购物过程中享受到不同程度的价格减免（从10%到20%）以及其他的一些免费服务选项；②永久会员制。顾客需要支付固定金额来获得该店铺的长期会员资格，从而享有相应的购物价钱优惠和其他常年产品推广活动等免费服务选择；③常规会员制。顾客无须缴纳任何费用或者年度费用，只要一次购置特定数量的产品即可获取会员卡并开始享受5%或10%的价格优惠及其他部分免费的服务内容；④由商家推出的一款内嵌于银行卡中的会员系统。当顾客成功注册了这个银行信用卡之后，他们就可以利用这张卡去享受分期付款或是购物后的短期无利息还款福利，甚至还可以根据商家的规定而享受特定的价格折扣。

（五）技术创新

在知识经济的时代背景下，高科技已经深入到了产品的制造、供应与销售等各阶段。因此，那些能先一步实现技术革新的企业，掌握着领先的技术并成功地推出价格更优、效益更高且符合顾客需求的新品的企业，将在竞争中占据优势地位。相反，如果不能及时跟进技术的进步，那么他们会在激烈的市场竞争中失去竞争力，最后可能按照市场的规律而被淘汰掉。技术创新不仅包含对新型发明的研发及实际运用，也涵盖了这些新技术成果转化为商业产品或服务的过程中，也就是把新技术的研究成果推向市场的一系列步骤。总而言之，技术创新的关键在于其管理的层面，主要表现在以下三点：

1.创新要素

公司的运营核心在于对资源元素的有效分配，这些资源元素包括材料、设备和人力资源的创新。

2.创新的要素组合方式涵盖了生产工艺和生产过程的融合

工艺创新主要是指公司研究并实施更优化的空间布局和时间安排，以提升劳动效率和生产周期。

3.产品的革新是关键部分，涵盖了从种类到功能等各个层面的创新

对于种类的更新而言，公司需要紧跟市场的变化趋势来调整其制造计划，以推出受到消费者喜爱的且符合销售目标的新品类。而关于产品结构的优化，则是旨在提升产品的设计，使得其更加科学化、高效能、安全可靠并且易于操控，进而增强其在市场上竞争的能力。至于效用的升级，主要是指通过多种渠道去理解客户的需求，然后基于这些信息对现有的产品进行改良或研发新的产品，以便提供更多的满足感，让客户更喜欢我们的产品。这正是公司的核心价值所在。

如果商品无法适应市场的发展并持续更新换代，那么它就是一种缓慢的自我毁灭方式。例如，美国王安电脑公司在20世纪80年代后期的计算机行业中面临着激烈的市场竞争，他们过于自信自己的产品设计与技术的领先地位及良好口碑，未能紧随计算机行业的变革脚步，

未能在适当的时候推出现代化的计算机设备，最终被国际商业机器公司（IBM）和苹果公司击败。因为大部分的技术创新都具备高效率、节能环保等特性，这有助于提升收益率、加速进程、调整构造、优化资源分配以达到企业的最优组合，从而确保公司的持久活力。

在知识经济的背景下，公司的追求是率先推出一款新产品，以此来进攻市场，并竭尽全力争取更多的市场份额。这样，企业就必须不断进行技术创新所以，技术创新是创新的主要类型，它也是决定生产力发展水平的关键因素。

（六）产品创新

产品创新是企业技术创新、管理创新的最终成果。产品创新在实践中需要把握以下几个问题：①企业自身实力；②产品开发前景；③产品的生命周期；④资产利润率；⑤同类产品的竞争对手。具体而言，企业进行产品创新时，应根据市场划分定位的最终用途、交易状况、技术及用户群体的实际，把重点放在以下几方面：一是依托资源优势，抢占制高点。二是用"定时出击"的战略，开发新产品。"定时出击"策略是由英特尔公司制定并实施的一种方法，它要求公司按照预先设定的计划来推出新的产品和服务或者进军全新的行业和市场，这种方式值得我们借鉴。三是采用比较比灵活的经营战略。

如甩开竞争对手的战略——人无我有，人有我无；寻找市场空白点和缝隙；创造绿色消费的新亮点；缩短经营链，去掉多余的中间环节；实行特许经营权——大、小企业联姻；产品小型化、轻型化；包装精美化；使用有特色的广告策略等等。这样可以使一些企业在竞争中有较大的回旋余地，始终处于主动地位。

第四章　企业经济发展与管理创新研究

第一节　经济管理的基础理论

经济管理的原则是经济管理中观察和处理问题的规范和标准。经济管理的基本原则主要有遵循客观规律的原则、物质利益原则、最佳效益的原则。

应用经济学中有一个分支就是管理经济学，管理经济学研究的重点是将具有逻辑又系统的分析方法用于经营决策，这些经营决策关注的经济力会对日常决策产生影响，同时又能够对长期计划的决策产生影响，是微观经济学应用于管理实践中的典型例子，也是连接企业管理决策和经济学理论的中介。管理经济学将良好的分析方法和工具提供给企业的管理与决策环节，提出的理论主要围绕多个因素，如市场、生产、成本和需求等。

一、管理人力

人力资源有狭义和广义之分，从狭义上讲，人力资源是指一个国家或地区在一定时期内所拥有的处在劳动年龄阶段、具有劳动能力的人口。从广义上讲，人力资源是指一个国家或地区在一定时期内客观上所存在的人口，包括在该时期内有劳动能力的人口和无劳动能力的人口。研究人力资源要防止表面化和简单化，要对人力资源进行全面的、动态的研究。

人力资源的特点：能动性和创造性；时效性和连续性；动态性和消费性；再生性和适度性。

我国做好人力资源开发与管理工作应采取的措施：实行计划生育，为人力资源开发创造良好的先决条件；发展教育事业，提高人口质量；广开就业门路，以创业带动就业，发挥人力资源潜力；建立人力资源开发的市场机制，达到人尽其才；挖掘企业劳动者潜力，充分调动其生产积极性。

这一领域有许多管理原理时常被使用，笔者在此做简单介绍。

（一）同素异构原理

不同的空间组合关系与方式会带来不同的事物成分，不同的事物的排列次序和结构形式也会带来不同的结果和变化，这就是通常意义上的同素异构原理。例如，由相同数量和同等素质的人组合成的群体，不同的排列组合会带来不同的结果，即使劳动力的素质与人类相同，但在生产过程中由于组合方式的不同也会导致劳动的不同效率。化学中的重要原理包括同素异构原理，金刚石和石墨就是这一原理的最典型例子，它们具有同等数量的碳原子，但组合关系和排列方式的差别，导致了二者物理性质上的明显差别。对两种物质的结构进行观察，就能够得知同素异构原理在企业人力资源管理上也是可以解释的，同样的一群人，存在于组织当中，但不同的领导与被领导的组合方式会带来不同的结果。这种例子在现实生活中数不胜数。

因此可以得知，构建能够对组织系统进行完善的动态调节机制的重要性。在这一原理下，企业必须能够有效地调控组织人事，以企业的生产经营需求为依据，对企业内部人力的各种信息进行反馈与传递，不断地完善并调整组织的内部人员结构，使系统能够保持正常运行。

（二）能位匹配原理

对人员进行招聘、选拔并任用的机制。这一原理是指按照相应岗位的人员需求将具有相应能力的人员安排到该岗位，使得人力与岗位保持匹配。"能""位"二字分别指人的能力和工作岗位，而"匹配"指的是双方的对称与一致性，在人员使用上的匹配关系会影响企业员工聪明才智的发挥和员工的工作效率及成果。能力与位置的适合度更高，会带来更高的匹配度，人力的安排也更加合理、适当。具有较高匹配度的人才安排会带来工作的高效率和员工能力的高度开发。根据这一原理，企业需要建立相应的机制，这一机制的基础是对工作岗位的分析与评价，同时在进行人员招聘、选拔与任用时需要依靠人员素质测评技术等科学的方法，尽可能高度开发并利用企业内部人力资源。

（三）互补增值、协调优化原理

对员工进行调节和配置的机制，这一机制会对员工进行协调优化，让每个员工的特长得以发挥，集合每个人的优势，呈现整体的最优化状态。人作为一个个体，一定会有其优缺点，但在群体当中可以相互取长补短，相互促进，使整体达到最佳状态，使群体力量被更好地发挥出来。在对这一原则进行贯彻时，还要着重注意协调并优化主客观因素，也就是说要协调工作目标和群体结构，协调工作目标和企业总任务、劳动条件、内外部生产环境和生产技术等。优化就是在分析比较之后，将最优的方案提取出来，互补包括体力、个性、知识、技能和年龄等多方面条件的互补。

（四）效率优先激励强化原理

这一原理会通过酬劳与奖励机制来激发员工的积极性，使员工明确自己的目标与方向，提高自身工作效率。在企业中，效率是一切工作的中心，应当时刻将效率放在第一位。为了使企业内部员工能够以更高的效率工作，各级主管需要充分有效地运用各种激励手段，通过奖励与惩罚的制度激励员工，同时要奖罚分明，这样才能够贯彻实施各项制度，才能使每个员工各司其职、严守纪律。要将不同员工的工作水平和其带来的效益进行区分，不能平等对待，这样对员工没有鞭策作用，不容易激发员工的干劲。为了使企业内部员工的凝聚力与向心力得到提高，企业可以塑造内部文化与精神，通过文化感化并教育员工，同时对员工进行系统的培训，保证员工具有丰富的知识技能，使员工能够在知识和观念双方面取得进步。

（五）公平竞争、相互促进原理

这一原理应用的是员工竞争和约束机制，坚持人事管理活动和待人处事等方面的公正、公平与公开。为了激发员工的斗志，营造企业内部的良好氛围，调动员工的积极性、创造性和主动性，企业可以积极地开展相应活动，如"比学赶帮超"活动，在考评和奖惩时一定要公平公正，保证员工拥有相同的起点和标准。为了使企业的生产任务能够高效完成，可以让企业内部员工相互竞赛，为企业内部员工搭建一个"三公"原则的大舞台，提高舞台的吸引力，让员工能够在舞台上展现自己，发挥自己的才能。企业为了鼓励员工提升质量、产量和技术等，必须为员工创造良好的条件，让企业员工相互竞争比拼，充分开发并利用员工的潜力。

（六）动态优势原理

这一原理运用的是绩效考评、员工培训开发和人事调整机制，这一原理指的是将人在动态的情况下进行良好的管理，使员工的潜能与聪明才智得到充分开发并将其运用到工作当中。员工不可能完全与岗位相匹配，所以企业一定要注重开发员工的潜能，对员工进行绩效考评，使人才具备竞争优势。企业员工并不是一成不变的，而是始终处于变化之中，如果想要优化组织，必须不断优化企业的员工配置，使员工合理流动，只有这样才能使每个员工的潜力得到充分开发，使员工的优势与长处被充分利用并因此受益。

二、管理财力

（一）财力及其运作

财政资源指的是在一个特定时间段内，某个国家和地区的所有社会的商品和服务价值的货币形式。其运行流程可被总结为三个阶段：创造财富（产生财富）、积累财富（聚集财富）及运用财富（消费财富）。这三者之间存在紧密关联并互相影响，它们共同推动着整个财政活动的进程：生成财富作为活动的基础与终点，同时也是积蓄财富和消耗财富的关键条件；而后者的角色则是连接前两者的重要纽带，它对生成财富和利用财富起到了约束作用；最后，为了实现财富的增长，我们必须有效地利用财富，因此二者之间的关系就是目标导向的关系。

（二）财力的集聚与使用

在国内社会的总体产品价值和国外的资本市场上流动的资金构成了财富积累的目标。主要的财富聚集方式包括政府筹款、银行融资及吸引外国投资。在中国当前的市场经济环境下，我们不仅需要优化政府筹款工作，更需注重银行融资与引进国外资金的重要性。政府筹款的特点在于其强迫性和免费性，而银行融资则以其回报率和循环特性为显著特征。对于财富的使用分配，必须遵循以下原则：综合考虑并全盘计划；集中资源确保关键领域；根据自身能力合理规划，预留空间；实现财务均衡。

三、管理物力

物质资源和自然资源是满足人类生产和生活需求的两大主要元素。物力管理涵盖了两个方面：一是物质资源的开发、供应和使用；二是自然资源的维护。

基本职责在于执行物理法则及经济规定，根据构建环保与节能的社会目标，配合经济活动和人居需求，有效开采、供给、使用并维护物质资源，建立节俭能源消耗和生态保育的发展路径和消费模式，实现对物质资源合理的、可持续的使用，助力经济和社会发展的持续提升，推进人道主义和科技的进步。

对于公司在自然资产开采和运营中的职责：依照国家的方针指引，公司需要建立自身的自然资产开采及运营计划；依据可持续发展的原则，合理地开展循环经济发展，充分运用各种资源，提升资源的使用效益；同时要确保有效的保护自然的生态平衡，并执行环保措施以保证生态环境的安全。

四、管理科学技术

科技是对人们实际经历的提炼与归纳，构成了涵盖自然界、社会及思考发展领域的知识框架。而科技则是借助对科学理论的学习来改良自然环境的一种综合性的物理工具和心理工具，通常以各类不同形式的技术产出、制造流程和技巧运用等呈现出来，同时也包括了那些反映这些过程和技术的其他实体设备。

对于科学技术的管理来说，我们需要关注几个方面：首先是设定科学技术的发展蓝图，并重点解决阻碍其进步的关键难题；其次，我们要有组织的团队合作和科技创新的攻坚战，并且要大力推动研究成果的使用；第三点是要重视提升公司的自我研发实力，同时也要专注于技术改良及技术引入；最后一点则是要加强公司内部的技术人员团队的培养。

第二节　企业经济管理的重要性和必要性

一、企业经济管理的重要性

（一）企业经济管理为企业的发展指明道路

对于整个企业而言，企业经济管理活动是企业进行其他活动的重要前提，只有加强了企业的经济管理，落实经济管理内容，才能保证企业所有规章体系的完善和落实。企业经济管理工作还能激发企业职工的工作积极性，为企业创造更多的利润。

（二）企业经济管理能提升企业竞争力

当前企业面对残酷的竞争，而企业竞争的实质是企业综合能力的竞争。加强企业经济管理创新，能够对当前企业经济活动中的问题及时发现，提升对企业经济活动的管控能力，减少经济决策失误，提升企业利润空间，增强企业发展动力，扩大企业的竞争力。

（三）提高企业资金利用率

公司的资金是公司生存和发展的基础。随着中国市场的不断开放，在全球经济环境下，如果公司想要获得更高的利润，就必须从内部出发，降低生产成本。通过经济管理活动，企业可利用资金被合理配置，以有限的资金实现最多的利润，提高企业的资金利用率。

二、企业经济管理的必要性

公司的财务管理被视为公司整合财政资产并恰当地运用它们的重要工具及有效策略，它能给公司的金融决定带来可信赖的基础，并且对公司的持续进步起到了关键的支持作用。这同样是涉及复杂性和全面系统的项目。不仅如此，财务管理不仅是公司的管理方式，而且还代表了公司的制造能力的一个重要体现，它的质量高低直接关系到公司的成长能力和竞争力的高低。

在这个现代的市场经济和全球经济发展迅速的时代，科技的广泛应用和全世界的信息分享、产品交易等现象使公司必须改革他们的财务管理模式。然而，财务管理的技巧和内容也有所差异，应视每个公司类型、运营环境、业务目标和管理结构的具体状况来制订具体的财务管理模型和操作办法。总而言之，虽然财务管理的模式和方法各异，但他们的一些主要要素和影响因素却是相似的。首先，两者均受到了以知识经济为主导的新经济特质的影响，且都在全球经济一体化的宏观框架内运作。其次，两者的运行也都受制于全球范围内互联网技术和网络技术的发展。因此，在全球化和市场化的环境里，公司无法摆脱这种多方面的作用。简言之，面对新的挑战，公司需要更具前瞻性的管理观念。

毫无疑问，随着中国特色社会主义市场的逐步健全和发展，许多公司已对其经济管理观念进行了适度的改良和转型。面对国家和国际市场体系的变化及激烈的市场竞争，他们深知经济管理的必要性并实施了相应的策略，取得了一定的成果。然而，我们也应明确意识到，尽管如此，经济管理的本质并未产生变化，其仍旧缺少科学性、全面性以及战略性。此外，对于公司的基本经济管理概念及其相关的理论知识的掌握还有待提高，未能完全适应公司的实际状况和所遇到的问题。所以，中国的企业经济管理依然有不足之处，主要表现为不够科学、不够严密。

公司对经济管理创新的支持不足以匹配其所需的监管系统及内部管控流程。换句话说，大部分中国公司的经济管理目的不够清晰，缺少必要的监控手段，这导致了经济管理的品质难以得到全面保障。再者，许多公司未能深入理解经济管理的基础含义，普遍设定较为宽松且表面化的经济管理目标，这也是长期以来我国部分公司难以为自身构建有效内部管控的主要因素之一，所以我们建议中国的公司应设立一套更为严格的监督制度来确保经济管理的高效实施。部分公司误解了企业内部管控的意义，仅将其视为会计方面的控制，从而限制了企业经济管理的广度，使之仅限于内部财务管理层面。

鉴于现今的商业环境及市场的变化，全方位的管理已成为不可或缺的关键策略。仅仅把企业的财务审查视为其唯一的经济管理元素是有误导性的，这种行为可能会对公司的发展潜能造成严重损害。这是由于公司的经济管理体系的有效性和科学程度会直接决定资源分配的优化情况。我们必须深刻理解的是，在这个竞争激烈的市场中，仅有单一的财务控制无法满足公司持续增长和全面进步的需求。

第三节　企业经济管理及其创新

企业经济管理是企业发展的核心，在新的历史背景下，只有将创新作为经济管理的重要目标，才能确保企业的长期可持续发展。随着我国经济的快速发展和国际化交流的日益频繁，现代企业制度已逐步得到了企业的认可，但如何实现先进的经济管理理论与企业自身实际状况相协调还有许多工作要做。这些先进的经济管理理论真正能够落实到企业管理实际当中需要企业不断进行创新和改革，只有这样，才能使企业经济管理工作跃上新的台阶。而经济管理工作质量的提高，对提高企业实力和竞争力，使企业在激烈的市场竞争中脱颖而出具有十分重要的作用。

一、当前企业发展的环境概况

知识经济已经成了当前企业发展环境的典型特点。在知识经济时代，各种信息化手段的运用是不可或缺的，唯有紧紧抓住信息化变革的脉搏，重视各种先进信息技术的运用，尤其是现代化决策系统的构建，才能够在实质意义上变革企业的作业流程、精简企业的管理层次，实现信息传递、消息反馈和管理效率的三重提升。收集整理是适应知识经济时代的关键因素，企业变革经济管理制度必须高度重视企业管理人员思维模式、管理理念的现代化和时代化，及时主动更新自身的知识结构，为企业的经济管理创新提供必要的智力支持。

（一）企业进行经济管理创新的必要性

1.经济管理创新是新形势下更新企业管理理念的必然要求

不可否认的是，虽然我国企业在适应市场经济体制、参与国际市场竞争方面的进步巨大，但是相对于有着几百年市场经营经验的国外企业而言，还有许多地方需要学习和变革。缺乏先进的管理理念是我国企业普遍存在的问题。不少企业已经充分认识到了企业革新经济管理的重要性，但是由于各方面的原因，只有少数企业取得了良好的实际表现。拖后腿的管理理念使不少企业只能够进行表面的经济管理革新，没有获得本质性的转变。其突出表现就是，企业采用旧的管理理念指导企业一切运营和制度革新，导致企业无法完全适应市场经济体制的各种运行规则，最终阻碍企业的长远发展。

2.经济全球化是新形势下更新企业管理理念的外在动力

全球经济一体化已成为无可辩驳的事实，任何国家经济的变化都可能立即显现于国际市场上，并对国内经济造成潜在的不利冲击。随着国际贸易竞争愈发激烈，中国公司为了保持企业的持续增长，必须实施新的管理方式以提升商品品质、彰显品牌特性、强化研发实力等。从近几年的跨国公司的经营策略转变中，我们能清楚地看到他们都在积极改革自身，力求突显自身的独特优势，这对中国的企业来说无疑是一个重要的借鉴方向。

（二）在新的历史形势下企业进行经济管理创新的途径和方法

1.实现经济制度的创新与完善

持续性的制度改进及革新能使经济管理的变革保持其效力，这是一种在研究公司经济管理创新时得出的重要教训。要确保公司的经济管理创新取得成功，必须依赖于制度的设立。对现有制度加以优化和改良是必要的，因为只有这样才能保证公司及其所有员工遵守相关的规则而自动运作，同时加强了公司与其员工间的紧密关系。为激发出公司的潜藏创新力量，我们需创建一套全方位且有效的激励机制，以此鼓励员工积极参与有利的创新活动，从而产生示范效应，进一步提升整体公司的创新精神和创新动力。此外，应配合制度创新实施相应的组织建设和组织创新工作，使得组织变成执行制度的关键工具，助力公司的全局性和长期稳定的发展。

2.强化企业的内部控制管理

首先，我们需要对公司的各个部门进行更严格的管理。内部控制在经济管理中占据了关键地位，一些依赖财务的企业无法满足市场经济发展的需求。因此，相应地，由改革财务部门，推动财务管理向全面化方向发展。

其次，优化公司的监管架构。伴随着市场经济的进步，完善财务内部的监督工作对于竞争激烈的市场经济体系具有无法估量的影响力。实施内部控制机制，提升财务等各个部门的严谨和负责任的态度，防止各种违反规章制度的行为发生。

3.提高企业的信息化技术实力

信息科技作为推动世界经济发展与一体化进程的关键工具，同时也是当今高度发达的社会制造产业的主要驱动力之一。通过加速科技创新并协助公司转型商业模式及实施现代化企业结构，可显著提升公司的产品竞争优势。目前，企业的信息化水平的一个重要指标便是对于信息的迅速响应力，这被视为衡量公司员工效率及其供应链在市场上的竞争力的关键参考点。推进企业信息化不仅是社会的改革需求，也符合企业应对市场变化的要求。伴随着中国企业的信息技术持续进步，企业内部的改革也在逐步深化，大多数的企业运营正朝着创新型管理方向转变。为了在未来的更具挑战性的市场上保持稳定地位，企业必须调整他们的管理策略，加大对管理信息化创新领域的投入，这是他们未来不可避免的选择和前进道路。

面对新时代的历史背景，公司的财务管理体系需要持续更新以适应变革的环境并满足公司在新环境中发展的需求。所以，为了改革公司的财务管理系统，我们需要紧密结合公司的成长理念，设定明晰的目标和执行策略，确保获得实现公司发展计划所需的所有关键资源。

二、在企业经济管理过程中遇到的问题以及解决方案

企业的运营活动不仅受到内部因素的约束，同时也会受到各种外在环境的影响。接下来我们将从管理和审查、人力资源控制以及公司生产流程三个角度进行简洁的讨论。

（一）控制与审核

随着电子技术和数字化技术的进步以及观念的变化，传统的公司经营管理方式在监管和审查领域已显现出严重的滞后现象。旧有的公司运营思维和监督及审查策略不能让公司的所有部门和相关要素纳入全面考量的范围，这也就无法达成公司整体运作能力等同或超过其各部门的能力的目标。

随着现代化企业的运营日益依赖于信息技术，构建一致性的管理信息系统已成为实现企业网络化管理的关键步骤之一。这同时也是执行公司内部管控机制的基础设施。一体化管理能够直接降低管理失误的可能性，从而避免潜在的风险。我们需要特别关注公司的内部文档更新频率，以便让员工能第一时间了解到最新的公司决定。此外，还需要积极主动获取外部信息的完整性和实时性，以掌握政府法规和最新政策动态。同样重要的是，我们要搭建起公司、政府和客户之间的沟通桥梁，并将这些重要信息迅速且精确地传达至高层领导者。企业应当按照预定的时间表来审查其内部经济管理系统的文件，涵盖了制订经济策略和目标、编写经济管理指南、设定经济操作流程等内容，同时也需明确用于保证业务流程有效的规划、执行和监控的相关文件。对于内部审计来说，必须保存好所有的记录，确保它们清晰可读，便于追踪和核查。另外，还需规范记录的标识、存储、跟踪方式，并对采取的行动进行确认和反馈。

（二）人力资源管理

如果企业的组织架构无法与公司战略相协调，没有对员工进行技能和经验的教育和培训，那么公司就难以整合和提高其内部的人力资源，导致员工流失率增加和核心员工离职。

缺少适当的人才激励措施是导致人员流动频繁的主要原因之一。由于存在无效的业绩评价体系，使得员工无法跟上公司发展的步伐，这让他们觉得公平缺席，进而失去对公司的信任和反感，最终可能引发他们离职的情况，给公司带来人手短缺的问题。

为了实现企业的持续进步并保持竞争力，我们有必要有效地管理与提升人力资源。这包括挑选出能胜任工作的优秀人才来执行关键的管理任务，同时保证他们具备必要的技能。此外，公司还需要在一个公平且透明的环境里处理潜在的风险，这样才能真正解决问题。对于公司的成长来说，健全的社会保障体系和福利政策至关重要，它们可以消除员工们的担忧，让他们更专注于自己的职责。不仅如此，公司还要关注员工的生活条件和工作环境，防止由于基础设施而导致员工消极对待工作，从而降低了工作品质、效率和投入度。

对于员工素养的培育也同等关键，公司要想进步，其核心在于人员，即公司的精英团队。为了提高人员的技能与潜力，公司应采取如下策略：增强员工的专业技巧，挖掘每个人的独特才能，使他们更深入理解并认同公司文化，同时积极主动地为公司输送和储存更多的优秀人才。随着经济的增长，公司的竞争优势通常取决于人力及其所掌握的知识和技能。

（三）企业生产过程

公司在启动制造活动时必然会设定产出规划与指标，然而在实际操作中可能会遇到无法预测的问题，这会影响到产出目标的达成，因此公司需要实施策略来减少不良品产生的可能性，避免其重复发生，并且应当构建评估系统，明确问题所在，找准改进方案。公司需运用合适的方式监控和衡量经济运营系统的流程，记录并审查执行的改良行动的效果以便了解经济目标达成的水平。适当地完成评定后，为防备违反规范的情况发生，必须主动地实行防御手段。公司要确认处理方法，对于流程和成果进行监测和测度，同时开展内审工作，以此消灭潜伏的不符规定的可能，一旦发觉有不符的规定就须立即采取如下步骤解决：一是在第一时间解决问题；二是对客户或者有关方面商议同意不对等；三是要采取办法遏制问题的扩散。所有关于不符规定的类型及其后续采取的所有动作都要被保存下来。公司要落实解决方案，杜绝不良品产生的根源，防止不良品的反复发生，依据记载和评估结果修改规程，清除违规行为发生的源头，采取防范举措阻挡违规行为的扩大化和二次发作，接着保管资料，针对违规行为的原因和应对方式做深入研究。评估新的做法是否有效且有益，对产品的品质进行深度剖析检查，创建数据，展开审核评估。

公司经营策略涵盖了公司的内控与审计流程、员工资源配置、制造环节等多个领域的管理工作。在这个充满挑战且竞争力极强的商业环境中，唯有运用先进的企业运营模式来指导并监督其财务行为，构建健全的风险管控机制、信息技术平台、制程优化方案等等手段后才有可能满足客户对于商品品质的要求。仅凭有效的业务运作方式可以实现人力的合理分配、物料的使用效率提升以及生产的精细化操作；同时要明确产品的质量、口碑效应及其销售市场的相互关联以确保公司的稳健成长并且持续盈利的能力得到保障。

三、企业经济管理创新的内容

（一）企业技术的创新

公司的进步有赖于科技革新，而科技创新包含了新的发现与创作，因此其研究流程及实践运用都属于经济管理的范畴。此外，如何把这些成就转化为实质性的生产力也是经济管理创新的一部分，同时，将其推向市场也涵盖在了这个领域内。

公司的高层和决策部门需明确意识到，有效的经济管理革新依赖于技术的进步。唯有当公司的产品能满足市场的需求并且具有一定的科技创新时，才能拥有竞争优势，确保公司的稳健成长。所以，公司应把技术研究中心的活动视为经济管理的核心环节，既要采用高效且科学的方式来降低技术开发的费用支出，以保障有足够的现金流入，也要用科学手段迅速地将新的技术成果转化为实际产值，从而让公司切实增强其在市场上的竞争力。

（二）企业管理机制的创新

公司管理的改革是关于调整现行的雇员处理方法来提高公司的劳动力质量、降低生产开销及增加盈利能力的目标。首先需要强化高层经理与行政部门对于新时代新的经营模式的研究理解；其次是要建立专门研究讨论小组去参观那些运营良好的大型组织，以便获取最先进的企业治理知识；我们必须深入了解人们的价值观变化情况，进而用创造性的思考更新旧式的商业策略；此外还需要聘任富有实践经历的高级主管人员给负责执行工作的职员提供专业的技巧训练，让他们能全面掌握现代化的业务技术手段，并且定期检查他们的工作表现，并对按照规定完成了任务且利用这些新兴理念提高了商务运作效力的职工给予适当的精神或者实物奖赏，激励他们在未来更努力地投入这种全新的商管技术的研习中成为榜样人物，而如果有人未能达到规定的标准或是他们的业绩低于预期，那么就应该采取相应的财务处罚措施，促使他们更加注重这项学习的必要性和重要程度，让他们真正明白这个变革式的新兴管理办法是如何推动着我们的进步，同时加速推进我们在传统操作流程上的改进，以此进一步促进整个组织的升级。

我们的目标在于提升公司效率的管理革新，其主要手段是对员工行为的调整和优化。在人本主义的企业改革策略里，领导者首要任务是转变员工的态度，进而影响他们的行动，最终实现工作的效能升级。而在基于公司的自我发展的企业变革模式下，关键步骤包括对组织结构的重新设计，技术的更新换代，加强交流互动，修改激励机制，优化办公环境等等，以此引导员工的行为走向更佳状态。

（三）企业市场的创新

实施公司运营改革的目标在于将其转化为公司的商业模式变革，而这必须通过对市场的反馈来衡量和评估，因为这是评价公司经营策略改良成效的唯一准则。因此，我们应依据当前的市场状况并预测未来全球化的市场发展方向及顾客的需求变化，始终保持以市场为中心，把客户放在首位，从而为我们公司的产品推广和服务升级提出明晰的建议和创新性的商业战略方案，以此提高我们的销售能力和品牌知名度，使我们在业界处于领导地位并在世界范围内获得认可。

四、企业经济管理创新存在的主要问题

对一个企业而言，创新能够使其适应内外部环境的变化，打破系统原有的平衡，创造企业新的目标、结构，实现新的平衡状态。没有

创新就没有发展，特别是在当前市场波动剧烈，企业生存压力大的背景下，只有企业经济管理的创新，才能将企业计划、组织、领导、控制等职能推进到一个新的层次，适应环境的变化，赢得竞争的优势。

（一）一些企业经济管理创新重形式轻落实

创新的重要作用已经得到了企业上下的普遍认可，但在如何落实方面，许多企业还存在着重形式轻落实的问题。

一是管理层缺乏对经济管理创新的认识。当前企业管理者往往将更多的精力投入了企业设备升级、人力资源培养等方面，但对经济管理创新缺乏全面的认识，使创新的力度不够，效果不佳。

二是工作人员缺乏对经济管理创新的动力。经济管理人员往往依照企业传统的管理模式和经验，对经济管理创新缺乏必要的认识，在工作中照搬照抄以往的方式，创新力度不足。

三是企业上下缺乏经济管理创新的氛围。企业整体创新氛围不浓，特别是一些中小企业，其多为家族式、合伙式模式，没有在企业中将创新作为企业发展的最核心动力并加以落实。

（二）一些企业经济管理创新缺乏人才支撑

人才是企业经济管理实施的关键，但在实际工作中发现，企业经济管理工作人员存在的不少问题影响了创新的形成。

一是观念不正确。许多人员将创新作为企业管理层的行为，而对自身的作用没有充分的认识，往往是被动式的工作，而对能否更好地提高工作质量没有足够认识。

二是动力不足。企业对员工创新的鼓励措施不到位，没有充分调动员工的积极性，影响其作用的发挥。

三是监管不得力。企业内部管理不规范，对经济管理行为没有给予科学的评估标准，干好干坏的差距不明显，造成了企业管理的效益低下。

（三）一些企业经济管理创新缺乏必要保障

企业经济管理活动是一个涉及企业方方面面的系统工程，其创新的实现需要一定的条件作为保证。但在实际的工作中，许多企业由于缺乏必要的保障，导致创新难以实现。

一是经济管理组织不合理，一些很好的创新方法难以得到有效的落实，而组织结构的不合理也造成企业经济管理效率不高。

二是经济管理评价不科学。企业对经济管理工作的评估体系不科学，也使得相关人员工作标准不明，影响了工作的质量和效果。

三是缺乏必要的奖励机制。许多企业对经济管理创新没有足够的奖励，一些企业只能照搬照抄其他企业的经验，而不能针对自身的特点采取必要的措施，加以改进，造成了经济管理的效益低下，而对一些有着一定价值的创新模式没有加以落实，对相关人员给予的奖励不足，也造成了员工对企业经济管理的兴趣不足，影响了经济管理的开展。

五、企业经济管理创新应把握的重点环节

（一）经济管理的技术创新是保障

要发挥当前科技进步的优势，将计算机、网络、自动化平台等先进的设备加入经济管理活动中。

一是建立完善的管理数据库。企业经济管理涉及企业的方方面

面，因此建立完善的数据库能够有效地提高管理的质量和效益，为管理人员提供精确的数据，促进管理质量。

二是建立亲民的管理平台。要建立科学的互动平台，能够让员工有通畅的渠道反映问题，提出建议，为经济管理工作的改进提供支持，如建立企业论坛、聊天群等模式。

（二）经济管理的组织创新是关键

组织模式代表了一种对资源的配置方式，包括对人、财、物资源及其结构的稳定性安排。特别是在当前信息量大、市场变化剧烈的环境下，如何建立适应市场要求，满足企业发展需要的管理组织模式就成了企业经济管理创新的关键。

一是建立精干的管理组织。要通过职能分工细化等方法，结合先进的科技手段建立精干的管理组织体系，摆脱传统的机构臃肿、人浮于事的问题。

二是培养核心的团队精神。要通过企业文化的影响、管理结构的改变，提高企业管理人员的凝聚力、向心力，形成企业经济管理的合力，为创新的落实提供可靠保证。

三是树立高效的组织形式。通过分工合作、责任追究等方法，促进企业管理模式的改变。

（三）经济管理的人才培养是核心

首先，我们需要对现有员工进行培训。通过在职和离职的方式，企业可以提高经济管理人员的素质，让创新思维深入其内心，从而提升管理水平。

其次，我们需要提升新入职员工的素养。在招聘新员工的过程中，我们应该提高标准，摒弃传统的以学历为依据的方式，而是对他们的创新能力和全面素质进行评估。

最后，我们需要科学规划员工的成长。公司需要保证经济管理人员的成长，包括在职位设置、薪资等方面提供支持。

第四节　知识经济条件下企业管理的创新路径探索

一、知识经济的内涵及其特征

（一）知识经济的内涵

在知识型经济环境下，公司更注重于对知识和信息的利用来推动经济发展。而非传统意义上的员工数量已不再成为决定经济增长的主要障碍，当前阻碍公司的关键因素在于各类创新科技的运用。这正是因为公司在运营及发展中必须依赖这些前沿的知识和资讯。

在知识型商业环境中，公司更加强调人力资本的管理与提升。创新科技对于公司的成长起到了关键性的推动作用，而要实现这一目标就必须依赖于具备优秀技能的人员，这便牵涉到人力的运用问题。所以，在知识型的商业模式下，如何有效地利用人才资源已成为公司构建自身竞争力的重要途径之一。

相较于资源经济，知识经济更注重技术的应用及信息的获取。在资源经济环境下，传统的农耕方式已无法满足现今的发展需求，故而在现代经济体系中的占比逐渐降低；然而，以高新科技和资讯服务为主导的企业数量却大幅度增长，并已逐步演变为社会经济的主要构成元素。

（二）知识经济的特征表现

1.创新是知识经济的主要特征之一

唯有通过创新才能促进社会的进步。在这个知识驱动的世界里，技术的革新已然成为引领社会前进的关键力量。把科技、销售和管理的创新结合起来，构建出一种持续创新的环境，可以确保知识经济的领先地位。

2.以其显著的数据驱动特性为标志的是知识型经济发展模式

当前的社会正处于由数据驱动的时代阶段，而这种趋势也通过利用信息的强大力量推动了社会的全面数字化转型和变革——无论是在线或离线的销售方式或者各类产品与服务的数字化的表现形式均展示出这一发展方向的特点来。

3.知识经济具有明显的可持续性

由于人们对自然资源的过度利用，自然资源几近耗竭，人类的生存和发展遭到了严峻挑战，而知识经济主要依赖于知识资本，可以很好地解决自然资源短缺问题。这种经济不会被消耗，而是在重复使用中不断创新、不断发展。

二、知识经济条件下企业管理创新的途径

（一）积极树立创新型管理理念

知识经济条件下，企业创新型管理理念体现在以下三个方面。

1.知识

知识经济条件下，必定需要将知识作为重点。公司必须重视对知识、技能和潜能的发展及发掘。为达到持续创新的目标，他们需投入一定比例的资源用于研发并将其结果运用至公司的日常运营中。此外，公司还应深刻理解员工是知识的创生源泉，因此有必要营造优越的研究和发展环境。

2.人文化治理方式是关键所在

在这个信息时代中，人才被视为主要驱动力并负责产生新的认知和创意；因此公司必须全面贯彻"人类为中心"的原则来运营其业务环境——这意味着要尊重、激励及培养人力资源的能力及其价值贡献于公司的成长发展之中。此外，"人力资本的重要性"也应得到高度重视并在组织内部建立一种有效的分享机制使个人所掌握的专业技能转化为团队的力量从而提升企业的竞争力水平。

3.专利权和著作权是公司的核心竞争力所在，其重要程度会随着公司的发展而逐渐增强

各家公司所持有的专有技术可能有所差异，相似的企业间也常出现剽窃行为的情况；为确保自身的产权不受侵犯并保持完整的权益保障体系，建议采取合法手段来维护自己的利益，重视对创新技术的研发及累积工作。

（二）创新管理制度

在知识经济环境下，公司管理的实施需从市场视角出发。通过使公司的管理活动市场化，可以直观地展示新颖的管理体系的效果。为了推动公司的内部管理革新，我们需要对它进行深度变革，并在成功推进内部管理改良后进一步促进外部的管理体制创新。这种方法要求

适应公司管理创新的环境需求，利用宏大的市场引导及标准来指引公司的管理制度创新过程，从而有效减少公司在创新阶段可能遭遇的风险。

企业还需要建立一个学习型组织。公司的每一个成员都应当树立学习优先的观念，创造出热烈的学习环境，进而塑造优秀的企业文化。同时，公司也能够为员工提供优质的学习环境，激励他们去学习和自己的职责相关的知识和技巧，让杰出的员工成为公司发展的推动力。

（三）提升企业管理者创新能力

在公司运营中，领导者的角色至关重要，所以培育具备创新理念和创新态度的主管对于推动公司的管理革新来说是非常关键的。这些主管需要拥有独创性的思考方式并意识到潜在的风险及创新策略。他们可以通过公司提供的进步空间来自我提升。基于此，作为企业的领导人应理解人力资本的重要性和扩大其应用领域，增加对其的人力资本投资，加强岗位后的训练，并且积极寻求与学院或研究机构的协作以增强公司的竞争优势。

虽然提高企业的领导层创新力是推动公司管理的革新之一，但公司的整体管理革新必须基于所有员工的参与和贡献。为了激发他们的创造力和积极性，公司领导应在精神和实质层面对员工表示尊敬和关爱，并为他们提供必要的支持以鼓励他们在管理创新中发挥作用。

三、构建我国企业管理创新体系的基本途径

海尔管理创新的成功实践为我国企业管理提供了有益的启示。如果中国的公司想要提升管理效率，增强在全球的竞争优势，就必须建

立一个基于我国卓越文化、符合社会主义市场经济需求的具有中国特色的企业管理创新系统。

（一）我国企业管理的创新方向

我国公司管理创新的目标是构建出具有现代的先进特征的中国风格的企业管理模式。分为以下几个部分：

1.人本主义的价值观是中国古代管理哲学的核心，同时也反映了现代企业管理进步的最新趋势。管理任务的关键在于把握住人，即调控人际交往，规范人的行为，引导人的情绪反应，以达成管理目标。因此，未来中国企业管理应以此作为管理活动的价值导向。

2.在未来的国内外激烈竞争中，企业应当具有以柔克刚的理念。面对国外强大的竞争对手，中国企业需要灵活应对，巧妙利用自身的优势与对手博弈。

3.构建一种融合情感、理性与法律的中国特色的管理体系。根据中国的实际情况，这种管理方式应该兼具合理性和人情色彩，同时还要保持科学和具有约束力的特性。对于人类的管理应当主要依赖教育的指导，而不是仅仅依靠规则和预防性的控制手段。

4.有机和弹性的组织结构，意味着企业在未来应该以这两个特征为核心，具备生命力和可扩展性，并且强调对组织自我完善和发展的重视。

5.未来中国公司应当运用所有先进的现代管理技术和策略，并根据自身的特性选择最合适的方式进行系统优化，以提高资源配置的效率和合理性。

6.中国公司应致力于打造一个和谐、愉悦且富有归属感的内部环境，塑造优秀的企业形象，并建立卓越的企业文化，让员工真实地认识到公司是一个大家庭。

7.社会经济的可持续发展是当前和未来人们普遍关心的重大问题，而企业的可持续发展是社会经济可持续发展的基础。随着"环境经营"时代的到来，企业的环保工作已经成为企业的竞争力之一。因此加强绿色管理，保护环境应成为我国企业管理创新的重要内容。

（二）我国企业管理创新体系建设的重点和基本途径

我国企业进行适应社会主义市场经济要求的管理创新的必然途径，是在继承和发扬中华民族优秀的文化传统和管理精髓、学习吸收国外先进管理理念的基础上进行管理变革和创新。创新的重点是基于中国企业管理创新的特点，汲取国外管理创新的最新成果，进一步地巩固和推进现有管理创新成果，对现存管理创新中的薄弱环节进行改进。

1.积极推进我国企业管理理念的创新

当前的管理思维主要表现为从物质导向转变为人本导向再到对资本的关注，激烈且残酷的硬性竞争逐渐向着兼具竞争性和协作性的软性竞争过渡；对于有形的财产越来越注重，而对于无形的财富则更加看重；从被动地应对外部环境到积极培育公司的关键竞争力等等。我们需要持续刷新我们的认知，以现代化的运营理念作为指导方向，通过提升员工的教育水平或者引进新型的专业人员，拓宽中国公司领导者们的眼界和思考方式。同时，我们要大量获取最新的管理资讯，增强他们的管理技能和理解力，以此奠定他们进行管理革新的坚实理论基础。同时，进一步学习先进的管理理论，特别是学习西方的现代管理理论通过吸取其他公司的成功经验，包括国际上的公司，来促进企业管理观念的创新。

2.积极推进我国企业的管理组织创新

针对我国企业在组织结构设计和创新方面的落后，以及其组织形式选择和设计过于单调的问题，必须加强对组织创新理论和手段的应用。根据市场需求特性和生产要求来合理规划管理组织是至关重要的。

3.积极推进我国企业的管理技术创新

伴随着公司的进步与市场的扩展，公司内的运营变得愈发繁复的同时，外部环境对管理者的响应能力也提出了更高的要求。为了平衡这种复杂性和应变性的压力，我们必须主动引入最新的管理策略，特别是利用现代化信息科技提升我们的管理效能和品质。

4.积极推进业务流程创新

公司在其运营策略的指导下，必须对其管理的规则与操作程序作出相应的修改及实时更新，以确保公司的所有部门如采购、研究与发展、制造、营销、财政以及后援服务等方面都能制定出合适的规章制度并且执行得当。这有助于公司满足市场的竞争力需求，并在实际应用中加以详细阐述且严密执行。此举使得公司能够摆脱过去基于功能性的模式，转而采用更具灵活性和效率的流程导向方式。自今日始，我们将重新审视公司的组织结构、员工奖励体系、管理方法、文化和新产品的研发过程，以便全面解决我们国家公司管理方面的问题。

第五章　大数据时代企业变革路径研究

第一节　大数据的时代背景

一、大数据的内涵

所谓大数据，并不是一个既定的定义。早期，大数据这个定义的出现是因为需整合的数据量远超普通计算机内存能够达到的处理量，所以，计算机专家要对整合数据的工具进行提升，从而实现更高超的数据处理功能。常见的有两种，一种是谷歌的Map Reduce，另一种是开源Hadoop平台（早期来自雅虎）。新技术的产生使数据处理量有了显著提升。作为一位能够预知未来发展的顶尖的数理统计学家——Viktor Mayer-Schönberger 在其作品The Age of Big Data中阐述了关于大宗交易不需要使用样本方法等快捷方式去筛选出所需的信息而是直接利用全部资料并加以解析的方法论观点；同样地，全球领先的大型企业管理顾问集团 Gartner Group 也为这个概念下了明确界定："Big data"指的是那些必须采用新的计算策略才可以增强决定力的工具如深度挖掘技术从而更好地应对大量且快速变化的高质量信息的挑战与机遇的能力

《大数据：下一个创新、竞争和生产力的前沿》报告由知名咨询公司麦肯锡所发布，文中阐述了大数据含义，其主要指代远超普通数据库能完成的数据收集、容纳、掌控和解析技术的数据库。大数据的概念涵盖两个层面：其一是与大数据要求吻合的数据库总量不是一成不变的，它会受到时间和技术的影响而逐步扩大；其二是各个机构对于与大数据要求吻合的数据库总量也存在差异。

二、大数据的特征

1.体量巨大（Volume）

随着各类移动终端、物联网与云计算、云储存等技术的进步，网络信息已不再仅限于传统的网站及社区。人与人之间的互动，物品的运动路径、状况及其行动都可被追踪并保存下来，从而产生大量的数据。人类社会的数据规模正以惊人的速度增长着，每隔一段时间就突破了TB（太字节）、PB（拍字节）这个界限，现在甚至达到了EB（艾字节）、ZB（泽字节）这样的大容量水平。

2.类型繁多（Variety）

大数据有着多种表现形式。通常人们认为数据只能是整齐地排列成行列样式，而事实上大数据的形式是多样的，而且这种多样性正在不断增加。

随着我们进入到以大量信息为基础的大数据时期，各种形式的数据呈现出多样化的趋势：从文字记录至声音文件再到图像与影片乃至仿真信号等等都包含其中。例如 Facebook 的相片库，手机使用者的触摸操作记录，地理位置的行为模式及日常生活规律；再如社会交际平台上的互动特征及其个人偏好的生活方式；还有电子商务中的买卖活动情况，互联网上搜寻信息的查询动作及相关问题提出的情况——

所有这些都是不同类型的数字资料。由于科技进步迅猛，传感器和智能技术有较大提升，各个公司的数据信息越来越趋向于数量大、范围广、难度高。数据不仅涵盖原始的数据关系，而且增加网络、日志等点击量数据，以及搜索引擎、互动媒体、电子信箱、文件、自主和非自发系统的传感器信息等传统、非全结构化数据。

数据采集的规格虽然在相同范围内，但是有所不同。举例而言，北京市区内的智能交通数据采集分析系统的数据是通过路面摄像头、公交车、出租车和各类长途客运、旅游客车、危险品运输车、停车场和租车等取得，还会通过问卷形式和GPS（全球定位系统）获得。整个数据总量涵盖机动车几万辆，公交刷卡每天生成约1900万条数据，手机定位生成约1800万条数据，出租车载客生成约100万条数据，停车场平台系统生成约50万条数据……这些数据虽然产生在相同领域中，而且数量范围和产出效率都满足大数据规格，但数据性质各有不同，产生速度大不相同。

大数据的惊人之处在于其数据库的广泛性。以交通情况为例，它和各种范围的数据都呈现强相关性。通过调查研究，人们能够通过供水公司数据看出晨间洗漱的用水量最大值，再多计算一个误差值，大致能够推测该地区晨间交通高峰期；与此类似，也可以通过用电量看出办公区熄灯时间主要在晚上哪个时间段，再加上误差值，可以大致推测该地区交通晚高峰时间范围。

3.存取速度快（Velocity）

大数据是一种以实时数据处理、实时结果导向为特征的解决方案。大数据的"快速"特征体现在两个方面：一是数据生成迅速。数据产出方式不同，有集中式，也有循序渐进式。其中欧洲针对核子探索机构的巨型强子对撞机械运行过程中会在每秒产出大量数据，这属于集中式数据产出。但互联网公司的数据收集是循序渐进的，虽然不是一次性产出，但由于使用者过多，有限时间里也会产出大量数据。Facebook、淘宝、百度和谷歌等，均可以满足每秒数百MB（兆字节）点击率、日志、射频识别数据、GPS位置信息的采集和传输需求，并将这些数据上传到中央系统上。二是数据处理快。举个例子，如果想存储1PB容量的数据，在网速1GB/s（吉字节/秒）前提下，假设计算机存储量能满足全天运行，那么将这么大的数据量完全储存到计算机中需要长达12天的时间。这时大数据的作用便显现出来，它能够通过云技术轻松将计算机12天的工作量在20分钟内处理完毕。

4.价值密度低（Value）

大数据并不直接意味着大价值，实际上大数据的价值之低，也是非常可以想象的。例如，虽然数以百万计的微信使用者每天早晨的第一件事情是发送微信信息，但实际上这个比例并不是很高；在一个热门话题下，五万的留言里也未必能找到几个真正有意义的观点；一家公司的1000位顾客代表中，或许只有三个人会选择某一特定品牌的饮品；一座高炉中的1000个传感器，每一分钟都会产生一次数据反馈，然而在这漫长的过程中，可能仅仅会有两个数据点触碰到了警戒线；对于很多商品种类与品牌而言，它们很少会在社交网络平台上被人提起，因此这些信息的数量可能是非常稀少的。各类互动平台会被各种外界原因所干扰，发出的议论并不能代表其个人真实的观点。这些数据中充斥着大量无关、没有价值的信息，如果再加上数据收集不及时、样本不完整以及数据缺乏连续性等因素，那么大数据的重要性就可想而知了。

第二节 大数据对企业信息化转型的推动

一、大数据推动企业信息化转型

工业4.0时代的特征是以CPS（信息物理系统）技术为核心的企业间横向、纵向的集成融合和协同优化，因此，企业信息化必须以大数据为驱动，由传统的单向、线性转型为互联互通的统一信息共享平台。

（一）以数据驱动流程重组

当商业行为以微量的关键数据为中心，公司内部和公司之间的合作是单向且线性的。然而，一旦数据变得全面、实时，公司内部和公司之间的合作就会越来越像互联网那样，需要网状、并发、实时的协同工作。

现今的商业生态中，公司领导力的减弱已成为一种趋势，个人如雇员与顾客等正逐步掌握更大的主动权，同时亦为数据生成的主力军。这种现象使得公司的数据呈现出"由底层向上，外部向内的"特质，并冲击到其传统的T型组织模式及其管理的程序。此外，大部分产生的数据都是非结构性的，主要包括文字、影像、图形等形式，这对公司的数据种类产生了重大影响，并且此类非结构性数据可能脱离或独立于公司的常规流程。事实上，许多时候它们的确超出了公司的固定流程范围，有时甚至是未受到该流程的影响就自行形成，具备较强的自我决定能力，反之，公司的商务流程需对此类早期的数据作出回应。简而言之，若继续采用"流程再造"理念，未来的"流程再造"核心属性应是基于非结构性数据驱动的非结构性流程-以客户为主体的，无定型的，可变通的商贸过程协作。

换句话说，以前的数据只是作为商业决定的支持工具，对管理的贡献仅为补充性的。例如，公司内的BI（商业智能）团队正在使用数据分析协助高层领导作出决策，然而这个方式并不能充分运用现今的大量数据。现在，全面且实时的数据已经开始主导商业决断，因此公司需要调整其工作程序以适应不断变化和无序的数据环境。一种最能满足这类数据特点的工作方法将会是一个全新的网络：实时协作的价值网络。

（二）以供应链为主线的数据分享和交换

数据的挖掘只是其价值的一方面，更大的价值在于数据的分享、交换所创造的价值。一方面，这是因为数据与物质不同，它具有很强的复用性。而且大多数情况下，数据被分享得越多，其价值也越大。换个角度看，由于知识必定存在于各种个体和机构内，因此只有借助共享和交易方式使数据流向拥有相应知识的人或者机构，我们才能发现其潜在价值。而当特定形式的共享和交易模式被用于联结公司间（B2B）、公司对客户间（B2C）的关系时，就能使得数据在流通过程中产生巨大的效益。

借助信息的共享和交流，实现对供应链的管理和计划优化，降低供应链中的"牛鞭效应"，进而推动整个供应链流程的高效运转。现阶段，已经有很多成功的公司实现了信息共享实践。以沃尔玛为例，每小时有100万名以上的客户在沃尔玛进行消费，这样使得沃尔玛能够在短时间内采集到庞大的售卖和库存数据，其正是基于这一庞大的数据库进行数以万计的营销分析。所有机构在沃尔玛的供应链中都有权使用数据。这个全球最大的零售商向其遍布世界各地大约80个国家的17400多家供应商提供数据访问权限，这些供应商可以通过他们自己的销售终端设备来跟踪和监测他们的产品销售状况，以便能够迅速掌握市场的供应与需求信息。只有这样，供应商才有可能根据市场变化做出快速反应，控制好进出的货物时间和数量，而非被动地接受来自沃尔玛的订购单。通过共享和交流数据，各公司间的数据透明度得到了提升，进而促进了跨公司的协作。

二、数据驱动的企业信息化向智能化转变

当前自主系统、智能技术和智能机器等科技的高速发展都得益于计算机的产生，机器人研发成果突飞猛进，并开始用于实际生活。应该说，人类步入信息时代之后，无人操控系统和智能技术得到巨大发展，但由于技术水平受限，目前智能机器的思考方式有待优化。目前大数据技术的发展，能让机器向智能化再迈进一步。

以射频识别为代表的传感器技术正在工业领域被广泛用于辨识和追踪商品。例如，在生产中与汽车相连的射频识别标签能够在流水线上追踪汽车；制药厂配货时能够运用射频识别标签在仓库中追踪产品。读取射频识别标签的优势在于不需要视线瞄准，无论附有标签的产品位于什么位置，传感器都能够确认、识别并记录其位置。

使用射频识别标签，仓库可以成为智能化仓库，可以按需持续管理库存，自动发送补货订单。进货订单可以实现自动化，相同的标签可以实时追踪运输中的货品，这些数据可以被供应商和分销商共享，使两方实现协同。

在制造领域，工厂的传感器在探知、诊断、控管、可视化等环节全方位发挥着重要作用。嵌入式设备在生产过程中利用传感器实时集中监控所有的生产流程，预测设备异常故障和配件需求，及时察觉设备耗材突发状况或意外运行，让整个运行工作中的各种状况都能依靠智能技术精准掌握。

借助智能工厂中的传感器所产生的海量信息，我们能够对它们进行深入研究以优化存储、运输及销售过程的时间与费用，从而有效削减了企业的运行开销，同时也能使其库存水平下降，进而提高整个供应链的表现。另外，基于出售商品的传感器反馈和供应商资料库的信息，制造商能精确预估各地区市场的商品需求情况。鉴于他们有能力追踪库存和售价，因此节省下来的大量资金是显而易见的。传感器所产生的大数据直接推动了企业的智能发展。

在物联网、云技术、可视功能迅速发展的今天，大数据分析可以快速精准地收集全部有用的数据，再进行与人的大脑运算步骤相似的分析动作，自主、全面、理性地处理数据，给出结论，优化下一步动作。智能、智慧是大数据时代企业信息化的显著特征。

三、大数据推动供应链的柔性化转型

（一）柔性化供应链的价值分析

互联网解决了产销信息不对称的问题，让市场需求和生产连接得更加紧密，C2B（消费者对企业）模式便是在这种情况下诞生的一种由消费者驱动的全新的商业模式。传统的商业模式要求生产系统实现大批量、标准化且具备刚性，但市场响应速度快、个性化以及柔性化是C2B模式对生产制造系统提出的全新要求。

柔性化要求企业能够快速跟上市场需求的脚步,供应链要具备较大的弹性:既可以做大批量产品的补货和翻单,也可以做小批量的、各种款式的产品,而且做到成本相似、品质一致和交货及时。柔性化供应链给企业带来的最明显的好处是避免库存风险的同时,能够很好地把握住销售机会。

过去只有小部分企业能发现柔性化供应链体现出的价值并投入资金使用,这些企业的共同之处在于它们都可以掌控终端数据,并且有着竞争对手望尘莫及的利润率。柔性化供应链如果没有大数据、互联网以及云计算支撑,所需投入的巨大资金,就会让中小企业可望而不可即。要实现柔性化生产,就必须依靠数据和信息。而对于数据和信息的投入在互联网没有出现的时候,很多公司都无法负担,但互联网的高速发展让大数据技术实现了质的飞跃,大大降低了投资成本,并且消费者的需求能够快速地反映在互联网上,加速了柔性化生产的发展。

(二)大数据的运用是柔性化生产的关键

柔性化生产的本质,是消费者代替厂家来主导生产过程。生产者和消费者在当前这个大数据和互联网时代被紧密地连接在一起,生产者和品牌商能够在第一时间获得消费者的不同需求。生产者在采购、生产和配送时会以市场需求为参考,这也让生产方式发生转变,逐渐由市场需求拉动式生产代替原有的标准化、大批量地推动式生产。在这一过程中,运用大数据技术和思维,把消费者、生产者一体化,就成为关键。

如前所述,企业可以从柔性化供应链上获得巨大的价值。过去只有小部分企业能发现其价值并应用,但现在的中小企业在当前这个互联网、云计算和大数据技术普及的环境下,无须高昂的成本便能够运用这种模式。尤其是在线上进行所有营销和交易活动的电子商务企业，对于目标客户群的选择、评估以及市场细分和调研都可以通过大数据进行。此外，电商企业在测试市场时可以先多品种小批量生产，再通过试销等手段在销售数据中评估出最具潜力的一款，然后少量多次地进行补货，而无须再选择"猜"这种方式。在此要强调的一点是，C2B柔性供应链在面对突然改变的市场需求时也可以灵活应对，因为其靠数据驱动，但这也要视生产和销售的周期而定。

柔性化生产最极致的做法是大规模个性化定制的实现。个性化是客户化市场的需要，批量化是企业生产效率和成本的选择，而大规模个性化定制就是要解决这一对长期存在的矛盾，解决个性化客户需要和低成本、高效率的集约化生产问题。大数据的出现使得这一问题如今可以真正得到完美的解决。

在新一代信息技术与工业化深度融合的发展主线下，柔性化生产对于中国企业的创新发展、提质增效都起到积极的促进作用，扮演着举足轻重的角色，柔性化技术的革新与升级也势必会给中国企业带来全新的提升。

第三节　大数据时代企业信息化应用实践研究

一、大数据驱动农业

很多国家都在近几年开始关注农业大数据的研究和应用，传统农业依靠的是手工劳作，但农业大数据依靠的则是云计算、物联网、大数据和传感器，这也让企业生产模式由传统的粗放型逐渐转变为智能化、精准化、数据化、集约化。农业大数据包含了从生产到销售的数据，共有四类，即农业生产大数据、农业管理大数据、农业环境与资源大数据以及农业市场大数据。结构化和非结构化数据共同构成了农业大数据。土壤水分数据、气象数据以及温湿度数据等都属于环境信息数据：海拔、土地位置以及地块面积等都属于土地信息数据；病虫害数据、作物长势数据等都属于作物信息数据等等。

当前的物联网和大数据等科技应用已经覆盖了耕种、育种、播种、施肥、植保、收割、储存运输、农产品处理以及销售等各个环节，可以对作物的种植、培养、收获以及销售等步骤进行管理。

（一）农业装备与设施监控方面应用

通过安装卫星导航系统、自动驾驶及必要的传感器，能够调度、远程诊断和监控正在工作的农业设施和装备，确保其能够在最低成本下保持最佳运行状态。此外，我们也能够实时获取数据（例如土地样品、水分样品、田里土壤作物色泽、生长速度、天气状况、营养含量以及农产品种类等），并在价值链中共享这些信息，进而做出更深入的处理。

（二）各种农业科研活动产生的大数据应用

农业的生产和生活可以通过分析科研实验大数据来获得更好的指导。大规模测序、基因图谱、大分子与药物设计数据、农业基因组数据等很多生物实验数据以及空间与地面的遥感数据都属于农业科研产生的大数据。

农业领域拥有海量的数据，而在国内外，农业因为大数据介入而产生了新变化，食品更加安全，农业更有效率，农产品的质量与品质有所保证，可以说，农业大数据的商业价值是巨大的。

二、大数据驱动制造业

制造业将在大数据时代迎来全新的变革。信息技术和全球工业系统在互联网和移动互联网的帮助下有了进一步融合，全球制造业在高级分析、高速移动连接、低成本感知以及分布式计算等新技术下进行不断变革。企业的生产、研发、管理和运营等也在不断创新，这些都让企业的效率、速度和洞察力得到了提高。大数据驱动制造业的典型应用包括产品创新、预测型制造、智能运维和精准营销、精确控制成本等诸多方面。

（一）产品创新

数据不仅会在企业与客户间的交易中产生，也会在二者的交互行为中产生。如果企业想要让客户参与产品创新活动，可以对这些客户动态数据进行深入分析。与传统手段获取的信息相比，通过信息技术手段采集的数据更为真实和准确，因为这些数据的采集都是在客户不经意的行为过程中完成的，产品定义信息、产品功能数据、技术资料、故障及维护数据都是优化服务和技术创新的前提。

大数据将客户作为核心有很多优势，因为协作方式和产品都可以通过大数据实现创新，司机可以及时获取有效信息，而工程师为了对客户有深入的了解，并对产品进行改进和创新，会收集与驾驶相关的各种信息。而且这些大量的驾驶数据也可以为其他第三方供应商和电力公司带来帮助，它们可以根据这些数据预防脆弱的电网出现超负荷运转的情况以及选择新充电站的地址。

（二）预测型制造

透明化是智能制造系统的一大特征，具体来说，是将复杂制造系统中那些无法看见的因素透明化，让过程主管和生产资源经理不会盲目地作出决定。对充满不确定的因素进行量化和阐释就是透明化。这可以让生产组织对自身有一个客观判断。而制造业想要让设备实现真正意义上的透明化，必须使用先进的预测方法和工具进行变革，即将制造变为可以预测的。但这只有通过系统性地处理工厂得到的数据，继而对不确定因素进行解释才能实现。

对大数据的分析和智能运算技术才是这种预测型制造系统的核心，其中包括一些智能软硬件，可以预测设备功能并实现建模。为了将不确定因素带来的影响降到最低，可以评估设备性能的失效时间以及对预测性进行分析，这也可以让用户尽量减少在制造运行过程中产生的损失。展望未来，基于大数据的预测型制造系统，可以实现以下功能。

1.产品质量预测

利用大数据存储和挖掘技术，可以从海量时间序列数据中寻找质量传递的规律，实现产品质量的有效控制与追溯，从而提高产品质量可靠性。例如，西部数据公司是全球知名的计算机硬盘制造商，企业在生产车间应用数据实时采集分析，通过系统扫描、编码、检验与跟踪，可以在整个生产过程中检测产品质量，以便在投入市场之前就能够及时识别并召回存在质量问题的硬盘。即使通过了最初的检查，硬盘仍然会继续接受检测，如果存在问题，系统将定位搜索出相应的硬盘并将其召回。大数据技术的运用使得该企业次品率降至行业领先水平。

2.生产异常预测

通过对生产过程中的数据进行分析，可以实现对制造异常的预知和对真实的制造资源的掌控，也可以选择最恰当的维修时期，即适时维修。这样便不会因为维修过早而替换没有损坏的部件，也不会因为维修太迟而产生失效的情况。负责维修和生产的人员在确定设备失效的时间之后可以推进他们的生产计划，这可以在最大限度上利用设备。将机器的过程控制与实时评估相结合，从而更好地了解和掌握设备的性能，实现生产异常的提前预警与维护。

（三）精确控制成本

1.设计成本

以服装制造企业为例，设计部门可以从消费者的评价中获取有用信息，因为消费者在试穿和购买衣服之后通常都会评价一下衣服的颜色、款式和尺寸等。大数据信息也会随着评价的数量而水涨船高，这些信息完全可以被设计部门进行收集和分析，从中评估出消费者的不同喜好，再根据这些结果进行设计，从而开发出能迅速占领市场的产品。

2.采购成本

当今时代网络信息发达，各种电商平台层出不穷，无论是企业还是个人都不会拒绝线上购物。企业可以在线上获取质量、评价、产地、价格和用途等这些与采购原材料相关的信息，并与线上供应商进行协商，确定价格和所需的数量，然后分析这些结果，最后选择价格和质量都符合预期的供应商采购原材料，从而减少采购成本。

3.仓储成本

通过对仓储信息进行实时更新、总结和预测，可以分析和核实仓储中的材料与实时的生产计划，若发现异常要及时对仓储材料进行检查，并进行采购。仓储部门要及时掌控生产部门在一定期限内所需要的总材料数量，同时，仓储部门还要分析之前的仓储数据，这样才能得出最佳订购量，继而不影响生产和销售，并且最大限度地减少企业库存成本。

4.生产成本

生产成本包括材料费、人工费和制造费用。其中，控制材料费是为了避免发生浪费情况；控制人工费可以让工人有更高的生产效率；而控制制造费可以保证水龙头、空调和灯在需要的时候才会开启等。通过对生产过程数据实时监控和分析，挖掘生产过程中的增值点，从而减少无附加值的业务流程，降低生产成本。

当前信息化与工业化的进一步结合让产业链中的每一环节都离不开信息技术，制造业也有了更多的数据。相比于其他行业需要采集和分析的数据量，高速运转的生产线远远大于它们。而且这些数据大部分都是非结构化数据，需要极强的实时性。制造业与互联网行业在应用大数据上有着差不多的机遇和挑战，有时难度更高。

三、大数据驱动零售业

在以前很长一段时间里，传统零售业相对低迷，但是近年来随着时代经济的发展，零售产品的数量以及品种等都增加了很多。当代消费者对于零售商品的要求也逐渐提升，从生活必需上升到多元化需求。随着这些需求的改变，零售模式也在逐渐更新，消费者对于信息的接收形式也在变化。电子网络的飞速发展使得零售购买途径更加快捷方便，因此很大部分消费者选择网络购物，消费形式出现变化。而对于零售企业来说，消费者比以前更加不易猜透，大数据恰恰帮它们解决了这个问题。大数据可以很好地将顾客与商品之间关系进行统计，为企业营销提供很大的帮助。

（一）个性化的用户服务与商品推荐

在大数据统计下的商品推荐与服务推荐对于零售来说是获得消费者需求、提供有效商品的主要途径。门店门口放有蓝牙感应设备，这些设备可以在消费者进入门店的瞬间感知客户并发出相应警示识别身份，把每个消费者的购买记录以及喜好物品或购买取向等数据传至门店内部终端。这样可以让店内销售人员更好地掌握其需求，更有效地提供消费者所需商品与服务。当然不局限于实体零售，网络零售也可以运用大数据来对客户进行分析，为客户提供其所需商品与服务。当顾客到网店时客服可以根据其以前的消费记录以及浏览记录来筛选，根据客户喜好为客户提供个性化服务。在大数据支持下，企业可以直接针对客户需求提供服务，使得消费者对其服务满意，以便下次购买，这样双方均能从中获利。

（二）对重要客户的识别与维护

零售企业持续不断的订单来源于客户对于商品或企业的忠诚度，他们的口碑传播可以为零售企业带来更多的新客户，其中高价值客户的持续购物或者短时间内多次购物可以快速为企业带来利润。零售企业的客户相对而言非常庞大且比较杂，大数据的加入可以让零售企业很好地分出其中的高价值客户，并对其进行更好的服务与维护。大数据统计分析可以快速地将客户等级划分出来，对于其中的高价值客户，可以采取特定的方案，提高对其的关注度，以维持这些客户对本企业的忠诚。

另外，大数据统计分析技术还可以分析出其他可以提高零售企业利润以及营业额的数据，但是忠诚度需要零售企业开展一系列活动来维护。

（三）提升用户的洞察力，优化产品与服务

随着网络的飞速发展，互联网与自媒体已经占据人们生活的大部分，人们可以通过网络来发表自己的见解，展现自己的性格，并希望自己的见解及性格被接受。因此商业零售企业抓住群众这一心理，建立起各种类型的社交平台，接收消费者的需求以及意见反馈。但是快速增长的媒体信息以及不准确的数据也为商业零售企业收集各种信息带来困难。大数据解决了这一问题，它将众多数据以及信息进行整理，将这些信息进行分析与评价，从中挖掘客户需求。大数据统计比传统调查更加全面，覆盖人群更加广泛，其信息更具代表性，可以让零售商更深刻地了解客户需求，为其提供服务。

四、大数据驱动物流业

（一）精准预测消费需求

利用客户历史信息和数据挖掘、数据分析等技术建立模型，能精确洞察顾客喜好并预测其购买行为，从而对各地域及时段的产品需求做出预测。这有助于我们事先决定配送策略和车队调度计划，并在各个订单间实现均衡分配，以确保产品的全面优化使用。

（二）提高分拣效率

通过智能算法，物流的各个程序可以进一步优化，根据大数据，物流装卸人员以及拉货人员等同样可以达到最优配置。系统智能计算分拣的最短路径，极大地提高了分拣效率。

（三）优化商品存储

商品存储的优化是增大仓库空间使用的有效方式，还可以提高商品运输效率以及分拣速度。大数据系统中的关联模式可以很好地将零售商品之间的关联度表示出来，方便零售企业分拣及划分商品，如将易造成企业价值流失的商品划分出来并快速售出。

五、大数据驱动医疗行业

非结构化数据和海量数据是医疗行业早就面临的挑战，而近年来医疗信息化被许多国家积极推进，这使得许多医疗机构在做大数据分析时拥有了资金和技术基础。目前，在临床业务、付款/定价、研发等方面的大数据分析和应用，使医疗的效果和效率都得到大大提高。

（一）CER（疗效比较研究）

从研究结果上来看，不同的医疗服务提供方和不同的医疗护理方法与效果会为同一病人带来很大的成本差异。病人体征和费用数据、疗效数据都是精准分析数据集的组成部分，在医生考虑低成本高效果的治疗方法时可以起辅助作用。从长远来看，病人的身体会在过度治疗和治疗不足的情况下受到负面影响，甚至治疗费用也会多出许多。医疗护理系统实现CER，将有可能使这两种情况减少。

（二）临床决策支持系统

诊疗质量和工作效率会在临床决策支持系统的使用下得到提高。目前的临床决策支持系统会对医生输入的条目进行分析，并将这些条目与医学指引进行对比，找出不同，从而提醒医生，避免潜在错误如药物不良反应的发生。医疗服务提供方会在这些系统的部署下使医疗事故率和索赔数降低，尤其会降低因临床错误导致的医疗事故发生率。

（三）医疗数据透明度

提升医疗过程数据的透明度，能够公开医疗机构和从业者的绩效，促使双方提高自身的医疗服务质量。数据分析能够简化业务流程，在精益的生产过程中降低成本，寻找符合要求并具备更高效率的员工，提高护理质量，使得医疗服务机构拥有更高的业绩增长潜力。此外，病人在医疗数据透明度较高的情况下，能够更加清晰地做出健康护理的决定，这大大提高了医疗服务提供方的竞争力，促使其总体绩效提高。

（四）远程病人监控

通过远程监控系统收集慢性病人的数据，并向监控设备反馈分析结果（此结果主要是病人是否按照医嘱治疗），以此来确定今后的用药与治疗方案。血糖仪、心脏监测设备甚至芯片药片都包含在远程病人监护系统中，患者摄入芯片药片后能够实时向电子病历数据库传递数据。此外，分析远程监控系统产生的数据还能够使病人住院的时间减少，同时减少急诊量，使家庭护理比例和门诊医生预约量得到提高。

（五）对健康档案的先进分析

用高级分析的方式分析用户的健康档案，可以对某类疾病的易感人群进行确定。例如，高级分析可以帮助用户辨别自己是否有患糖尿病的风险，用户了解情况后能尽早预防。已经存在的疾病管理方案会给患者提供适合的治疗方案。

大数据分析不仅能提供临床方面的帮助，还能够将公共健康服务的改善和商业模式的创新带给医疗服务行业。

汇总患者的医疗保险数据和临床记录。未来医疗的精髓在于电子病历、电子健康卡及相关信息（医药、人口等）的快速准确收集，并进行高级分析，这将提高医疗支付方、医疗服务提供方和医药企业的决策能力。比如，对于医疗机构来说，可以实现对患者统一高效的管理，对于了解病情、临床决策、提高医疗质量及科学研究等也都具有至关重要的作用。同时，可以实现区域内不同医疗机构之间、不同应用系统之间的患者映射，确保患者信息交换的一致性和准确性，不仅能够为医药企业带来更多疗效更好的药品，还能够使药品更加适销对路。

（六）网络平台和社区

另一个大数据驱动的商业模型是网络平台和各种手机App（应用程序）应用。比如，"春雨医生""好大夫在线"等，医生可以在平台上实时问诊并与病人互动，分享医疗见解，实现医生资源在线共享，病人可以在这个平台上分享治疗经验。这些平台已经产生了大量有价值的数据，成为宝贵的数据来源。

（七）公众健康

同时运用整合式疫病追踪来实现即时反应。例如，由智能手环等各种智能可穿戴装置所提供的个人所有健康信息能被实时收集与记录，然后将其发送至云端，经过云计算技术对这些数据进行深度解析后，向大众提供定制化健康的管理方案。大数据将会助力我们构建更加优质且健康的未来生活。

第四节　大数据时代企业信息化发展的重点与难点

随着进入了信息化的数字世界中，各个领域都受到了大量信息的冲击和挑战。这些不断增加的数据不仅仅塑造并改写了个人的生活与职业生涯的轨迹，同时也给企业的运营带来了深远的影响。由于大量的、分布广泛且复杂多样的资料需要被整理归纳后才能用于做决定或策略规划等活动上；所以我认为在这个数字化的大背景下，对于公司来说面临的一些主要难题是：

一是认知大数据时代。由于大数据近几年刚兴起，企业目前还不能够对大数据和大数据时代的特征进行清晰明确地把握，也无法以更加高效的形式进行信息和数据的收集、处理和应用。因此，企业不仅要大力学习并宣传大数据，还要对信息和数据的收集、统计和处理分析加以重视。

二是把握企业信息化建设的总体规划。由于企业已经制定了信息化的总体规划，接下来企业管理者要打破传统观念，把握大数据时代的特征，而后全面把控企业信息化的总体规划进程，随着时代的发展推进企业信息化建设，使企业战略决策能够拥有更加坚实的基础保障。

三是专业人员培训和信息技术研发的投入。在观察企业信息化现状后可以看出，由于信息化部门在传统观念中一直属于需大量投入资金的部门，无法想象如何通过信息化建设来节约企业的成本，挖掘更加有价值的信息和提升企业的效益，因此企业通常不会将大量的人力物力投入信息技术研发和专业人员培训上。企业信息化发展在大数据环境下需要有价值的数据信息，这些海量分散的信息会由专业大数据分析工具和专业人员进行获取。

因此，企业必须长期持续地将人力物力投入信息技术研发和专业人员培训中。四是分类、采集、存储、整合大数据和安全管理。在大数据环境下，企业要先明确历史数据、未来数据的需求，数据之间的关系，整合数据的方法，存储数据的方法和安全保障，如何将数据转化为价值等问题之后，再进行数据的应用。因此，企业信息化建设在大数据时代还有很长的路要走。

企业不仅要对大数据时代给企业带来的机遇和挑战进行全面把握，还要在了解企业信息化发展重、难点的基础上利用大数据技术对自己的信息管理流程进行优化，在未来的管理模式中应用以数据为决策依据的形式，使企业长远发展。

第五节　大数据时代企业经济管理的创新模式

一、"互联网+"对现代企业经济管理提出的诸多挑战

"互联网+"代表了新一代的网络产业发展模式，它是在创新2.0背景下产生的。在这个"互联网+"的时代里，公司管理层需要对各种商业活动保持高度关注，因为它们会带来许多新的挑战。

首先，"互联网+"的出现向企业的经济管理观念发起了冲击，这

意味着公司需要更深层次地运用互联网思想来执行其经济任务，并持续扩大其经济管理的范围，特别是在推进"互联网+经济管理"的发展上要有所创新，以期达到经济管理的数字化、在线化及智能化的目标。

其次，"互联网+"给企业的经济管理体制带来了考验，公司需要建立一种高度整合的经济管理体系，特别是在把线上的和线下结合起来作为一个关键的创新方式上，以展示其经济管理的全面性和目的性。

首先，"互联网+"给企业的经济发展理念带来了新的考验，这意味着公司需顺应时代的发展需求并扩大其经营管理的范畴以实现从管控到服务的转变；例如，公司的核心观念应该始终是基于"互联网+"，在实施商业运营时应用如数据挖掘与处理等先进的信息科技手段来获取及解析相关业务资讯以便更好地支持组织策略的制定和服务于组织的长期成长目标。

二、大数据时代现代企业经济管理的创新策略

（一）经济管理思维创新

"互联网+"时代的背景中，公司若想实现高效的管理工作，需要对新的商业理念有深入理解并付诸实践——即建立以"互联网+"为核心的新颖思考方式来推进公司的数字化转型与智能升级；尤其应关注提高系统的整体效率及效益，优化企业的运营结构并且改革传统的企业治理观念，由过去的"管控式"转向现在的"客户导向"；同时扩大业务范围至更多的行业或市场环境之中去。例如：利用信息科技工具强化对于各类资产数据的信息收集整理能力，尤其是当使用ERP软件时需把如大数分析法、分布存储平台等等先进的技术结合起来以便更好地处理各种复杂的数据问题从而提升其综合实力和服务水

平。此外我们还应该重视激发全体职工的主观创造力并在实施线上化的组织架构设计上让所有人都能够直接介入其中共同完成各项任务。

（二）经济管理机制创新

有效的经济发展策略是推动高效执行的关键因素之一。"互联网+"提供了建立更先进的企业发展战略的机会，并需要利用各种科技手段来实现这一目标：如通过使用在线及离线结合的方式优化销售流程；同时加强对电商网站或电子付款系统等相关业务环节监管力度的同时注重其全面性和深度影响力的重要性等等。此外，公司应充分考虑如何采用最新的技术工具（例如基于云端的数据处理）以提高财会工作效率和服务质量——这对减少运营开支且保持高品质服务至关重要。

（三）经济管理平台创新

公司需要把推进"互联网+"时代的经济发展方式转变视为关键策略步骤之一，并积极加大其改良与创造力；他们应该更为关注网络（network）、云计算服务器（cloud server）及终端设备（end device）间的协同合作关系的重要性；此外，应注重技术的支撑及其提供的优质服务的提升以获得进步空间：不仅要把重点放在监管金融资本上，还需着眼于监督财产状况、控制潜在的风险因素并对未来的成长方向做出规划——这可以通过利用信息化手段和大数法则来完成，建立一套有效的财政危机预警体系以便快速识别出可能出现的问题并在第一时间给出相应的解决方案从而使得公司的财经工作变得更有针对性和有效率。对于如何改进现有的电子商务服务平台也同样重要——例如，各类型的管理工具必须被统一到一起形成完整的整体结构这样才能让各种资料得以分享使用进而提高整个商务运营过程中的综

合效率同时也为未来新的商业运作形式带来革命性的变化

"互联网+"对于现今企业的经营管理产生了深远的影响，尤其是给经济管理带来了许多难题。公司若要成功应对"互联网+"时代的挑战，就必须擅长利用"互联网+"理念来推进其经济管理工作，这样才有可能获得更佳的效果。然而，当前部分公司的经济管理中仍存在着缺乏新颖性的现象，尤其没有充分理解到"互联网+"时期经济管理改革的重要性，这使得他们的总体管理水准较低，特别是在提高经济管理系统的有效性和效率等方面表现得尤为不足。因此，为了使公司未来的经济管理工作能够更好地发挥出优势，我们需要深入了解和重视"互联网+"的作用，并实施更为有效的策略。具体来说，应注重创新经济管理思路、优化经济管理体制及构建新型经济管理平台等多方面的改进与提升，以实现企业经济管理的新一轮飞跃，从而为企业的持续进步提供有力支持。

参考文献

［1］［美］约瑟夫·熊彼特.经济发展理论［M］.北京：商务印书馆，2017.

［2］张小刚.绿色经济与城市群可持续发展的理论与实践［M］.湘潭：湘潭大学出版社，2011.

［3］祝宝江，周荣虎，陈国雄.企业管理［M］.上海：上海交通大学出版社，2017.

［4］唐娟，周海荣，朱靖华.企业经济管理的信息化研究［M］.长春：吉林文史出版社，2017.

［5］王丹竹，管恒善，陈琦.企业经济发展与管理创新研究［M］.长春：吉林人民出版社，2017.

［6］［英］阿兰·格里菲斯，［英］斯图尔特·沃尔.企业管理经济学［M］.北京：经济管理出版社，2009.

［7］吴磊.中国现代经济发展理论研究［D］.海口：海南大学，2012.

［8］刘涛.企业管理模式演化机制研究［D］.北京：首都经济贸易大学，2014.

［9］杨雪星.中国绿色经济竞争力研究［D］.福州：福建师范大学，2016

［10］王信亮.中国企业管理模式的内容分析研究［D］.上海：上

海外国语大学，2012.

［11］林峰.中国企业管理文化研究［D］.北京：首都经济贸易大学，2008.

［12］彭常青.我国企业管理信息化问题研究［D］.长春：吉林大学，2006.

［13］李静铮.新形势下企业经济管理的创新策略研究［J］.企业改革与管理，2017（03）：23-24.

［14］张鑫.新形势下企业经济管理的创新策略分析［J］.经济师，2018.